本书系上海电机学院新工科课程思政研究所、上海学校德育创新发展专项研究项目(2020 - dycx - 217)的阶段性成果

思政与课程教改访谈录

吕小亮　编著

上海大学出版社
·上海·

图书在版编目(CIP)数据

思政与课程教改访谈录 / 吕小亮编著. — 上海：上海大学出版社，2022.1
ISBN 978 - 7 - 5671 - 4435 - 4

Ⅰ. ①思… Ⅱ. ①吕… Ⅲ. ①高等学校－思想政治教育－教学研究－中国 Ⅳ. ①G641

中国版本图书馆 CIP 数据核字(2021)第 269501 号

责任编辑　傅玉芳
封面设计　柯国富
技术编辑　金　鑫　钱宇坤

思政与课程教改访谈录

吕小亮　编著

上海大学出版社出版发行
(上海市上大路 99 号　邮政编码 200444)
(http://www.shupress.cn　发行热线 021 - 66135112)
出版人　戴骏豪

*

南京展望文化发展有限公司排版
上海颛辉印刷厂有限公司印刷　各地新华书店经销
开本 710mm×1 000mm　1/16　印张 10.5　字数 177 千
2022 年 1 月第 1 版　2022 年 1 月第 1 次印刷
ISBN 978 - 7 - 5671 - 4435 - 4/G · 3421　定价　50.00 元

版权所有　侵权必究
如发现本书有印装质量问题请与印刷厂质量科联系
联系电话: 021 - 57602918

前言

思政课是落实立德树人根本任务的关键课程,课程思政是把立德树人作为教育的根本任务的一种综合教育理念。把思政课与课程思政融通、协同,是高校构建"三全育人"格局、培养担当民族复兴大任的时代新人的重要路径。

一段时期以来,受思政教育专门化影响,专业课程教学中的思政育人元素越来越少,教师抓科研的多了、抓教学的少了,教知识的多了、解迷惑的少了,随之而来的是"见课不见师"的现象越来越突出。为了破解这一困境,上海高校开启了课程思政教学改革,打造了"中国系列"课程思政,形成了上海大学"项链式"、上海中医药大学仪式课程等新模式,教师们通过"上大课、讲大势、传大道"的形式,挖掘课程中的育人元素,将中华优秀传统文化、社会主义核心价值观和马克思主义中国化的最新理论成果融为一体,成为课程思政教学实践中的典型范例,为全国高校开展课程思政教学改革提供了实践指导。

随着实践的深入和理论的发展,思政课与课程思政协同育人格局逐步打开,越来越多的教师投身到课程思政的育人实践中,形成了"见课也见师"的协同育人新格局。与此同时,在面上铺开的课程思政教学实践,也会面临类似思政课教学质量下滑的困境:一是不同课程的课程思政教学元素丰富程度、实践应用便捷程度不同,难度自然不同;二是不同教师对课程思政理念的认知程度不同、投入精力不同,效果自然不同;三是不同学生群体的知识背景、成长经历等不同,导致认知程度、理解角度不同,接受程度自然不同。再加之教学内容、方法的匹配协同,教学组织、实施的实践推进,教学考核、评价的导向作用等各类因素的影响,势必会出现新的教学质量隐患。这就要求教师必须增强课程教学设计的针对性、教学实施的灵活性、教学内涵的丰富性与考核评价的指导性。

为了构建各类课程与思政课程同向同行、协同育人的新格局,笔者于

2018—2021年间采访了几十位教育工作者,他们中有高校领导、中层干部、马克思主义学院教师,也有各类专业课程的任课教师。从采访中,笔者真切地感受到教育工作者对课程思政认识的变化,感受到课程思政育人理念的实践发展,感受到当代大学生的精神成长。现将部分访谈内容整理汇编成书,以飨读者。通过阅读,读者也能够发现课程思政教学改革还有很长的路要走,"抬头率"有待提高、"问题意识"有待提高、"注意力"有待提高,"00后"大学生的精神成长需要更多、更有生命力和更有厚度的精神土壤。让我们一起通过本书,去了解师生对精神成长的现实需求,用行动去推进思政与课程教改的漫漫征途。

吕小亮

2021年12月31日

目录

第一部分　思政课教学改革的守正创新

师生共同的内化吸收是提高教学质量的关键 ………………… 003
"三个融合"引领思政教学改革 …………………………………… 010
"抬头率"很重要 …………………………………………………… 013
抓住课程的核心价值内涵讲课 …………………………………… 015
听过《走进新时代》的请举手 …………………………………… 022
百人课堂的质量难题 ……………………………………………… 031
理论深度的把握很重要 …………………………………………… 041

第二部分　思政课程与课程思政的育人协同

校本资源是思政育人的不竭源泉 ………………………………… 047
教学方法应该成为改革切入点 …………………………………… 052
人总是要有一个信仰的 …………………………………………… 057
想方设法提高课堂注意力 ………………………………………… 061
让学生们在课堂竞争中成长 ……………………………………… 071
专业认证需要思政课的支撑 ……………………………………… 074

第三部分　课程思政教学改革的实践探索

课程思政的动力策源 ……………………………………………… 079
上课一定要有"问题"意识 ……………………………………… 096

我们培养的是全面发展的人 …………………………………………… 100
汇演融入思政课堂 ………………………………………………………… 108
分层分类教学是趋势 ……………………………………………………… 120
必须更加重视教育对象研究 …………………………………………… 126
校园红色基因是宝贵的育人财富 ……………………………………… 134

第四部分 教师专业发展的内外合力

思政课程与课程思政：教师是关键 …………………………………… 139
成果发表难是教师职业发展的制约因素 ……………………………… 145
民办高校思政课教师专业发展瓶颈问题显著 ………………………… 153

后语 …………………………………………………………………………… 159

第一部分
思政课教学改革的守正创新

师生共同的内化吸收是提高教学质量的关键

一、访谈对象：GD1（教学质量监控与评估中心主任）
二、访谈人：吕小亮
三、访谈形式：当面访谈

吕[①]：我想向您请教一下思政课教师队伍建设问题，我们应该怎样去建设，还有就是从师资招聘这个角度，我们该怎么做。

GD1[②]：队伍提升这一块，一方面是数量的补充，另一方面就是思政课老师教学水平的提升，包括青年教师培养和教学效果，教学效果怎么样，这与老师的教学水平有很大的关系。要是那种灌输式的、照本宣科的，学生肯定不爱听，要求能把课讲得很生动，这也不是做不到的。就像我听的那个网上的通俗课程，那种形式，就把马克思主义讲活了，我想对学生而言也是非常喜闻乐见的，其中讲到大量的史料啊，一些很生动的例子啊，我觉得老师就需要达到这个水平才行。把马克思主义产生的过程，通过很生动、很形象的例子和历史背景，讲给学生听，我觉得这种方式，没有学生不爱听的。学生听的如果都是书本上的、很教条的一些东西，那就太无聊了，但你要以这种生动、形象的方式展现给学生的话，那就是鲜活的东

---

① "吕"即本书作者、访谈人吕小亮。全书同。
② "GD1"为访谈对象编码，根据实际编定。

西。所以这个效果差别就很大了。

吕：从书本的僵化到鲜活的案例是吧？

GD1：对的，历史的背景是一方面，加上一些资料，面就很广泛了，要尽量把当时的时代背景和一些现实的东西结合起来，但是老师要做到这点，是要下很大功夫的。

吕：像这个，我采访JS1校长的时候，他也在提，说教师本身的水平与研究能力也是很关键的。

GD1：那肯定是的，总不能全讲些马克思主义经典。

吕：对的，可能老师本身自己都没看过，或者说自己对这些史料掌握得都不是很好。

GD1：就比如一个老师，你可以问问他《共产党宣言》读过了没有，马克思最早的一些著作读过没有，马克思主义是怎么产生的。我们应该对这些做深入的研究，自己先把这些东西完全消化了，再根据一些现实的东西来讲，就不是一种说教了，真正能吸引到学生，学生自然也是会喜欢的。

吕：那像这样，教学还是要有很强的研究基础作为支撑，这样会更有吸引力一点，否则那些课本，学生自己看都看得懂的。

GD1：是的，像这些文科的课吧，很多内容学生在中学的时候就学过，如果仅仅以一种灌输的行为，学生也会产生逆反心理。如何把这个东西讲得鲜活，这是老师的教学艺术与学术涵养，所以这些对老师而言要求是比较高的。

吕：我们现在的思政课中有没有什么教师个体或者教学团队在做这样的事情，形式是什么样的？

GD1：在这方面是有的，现在就这几门课嘛，按照课程分教研组，是学院自己成立的。采取集中备课的形式，我们也有老师采取线上线下结合的方式，还有就是网络课程，我们有一个老师在做全部的材料，学生也可以把大量的课程资源放进去的，然后和学生一起讨论、答疑，这些都是不错的。

吕：这个是在微信平台，还是在电脑网络上？

GD1：是在电脑网络上，微信平台上好像还没有。我们学院有一个"文华在线"，有一家公司与我们学院一些老师专门拍一些视频加以制作。

吕：这个网是内部的还是公开的？

GD1：是内部的，只是内部在做，他们拍这些视频需要花很大精力的。

吕： 对,这个拍一节课和上一节课完全是两回事。

GD1： 这个是全程地把课程网络化,这位老师本来讲课就很生动,然后又通过这种方式,投入非常大,效果也不错。

吕： 是的,常规的上课备课与拍视频的上课备课,工作量是不一样的。

GD1： 这位老师本来工作量就非常大,一周要上十几节课,感觉非常累。

吕： 但他把课拍成了视频,可能覆盖的群体会更大。

GD1： 他就是要把这个过程做一遍,做一遍以后可能自己就会轻松一点。但是整个制作过程要投入比较大精力。

吕： 学生对于思政课的认识度、满意度的评价情况,您了解吗?

GD1： 这个我们没有专门去调研,就和理论课一样,都是通用的问卷。没有专门去分析思政课的满意度是怎样的。

吕： 是没有针对每门课做评价?

GD1： 我们对每门课都做评价的,但是我们没有专门去分析思政课是怎么样的。学生对我们思政课评价的总体水平,就是处于一个中间位置吧。

吕： 那你们现在是学校发统一的问卷,来统一测试,没有针对性的,对吧。

GD1： 每学期每门课程,我们也都有一个课程问卷评价,这都是我们自己制定的、统一的。

吕： 有参考过成熟的量表什么的吗?

GD1： 我们这个基本还是比较传统的吧,就是学生对老师的教学方法、教学态度、教学效果和学生的感受等几个方面,对老师、对课程做一个问卷调查,是大概的。

吕： 那这个问卷是网上做的还是纸质的?

GD1： 网上的。但没有专门针对思政课的。

吕： 那结果可以很快在网上看到对吧?

GD1： 对。每门课每个老师都能看到。

吕： 那一般会测试多少个问题呢?

GD1： 一般十二三个吧。不会很多。

吕： 其他的有吗?比如同行评价,有督导那些吗?

GD1： 有的,我们学校有,各个学院包括马院他们也有督导,也有专门的领导听课的。现在对思政课前所未有地重视,领导听课也重视了很多,现在学校对思政课的投入也是很大的。

吕： 那对思政课的课改呢？

GD1： 这些需要老师自己提出来，我们有专门经费，按学生人数划拨给马院，按一名学生30元计，主要用于教师的进修等。

吕： 这个还是蛮厉害的，算下来一名教师差不多2万元，一年参加好多次培训可能都用不完。

GD1： 对的。

吕： 那他们有研究性的经费吗？

GD1： 这个我不是很清楚，如果是帮我们做教改项目的可以申报，如果是科研方面的话我不是很了解。

吕： 那评教方面，不管是谁评教，数据出来之后，是一张纸反馈给他们呢，还是专门有人去沟通什么的？

GD1： 每年学生评教的结果我们都会反馈给学院，学院都知道的。现在还有一个要求，是针对课程的，就是教师的课程质量系数，还有就是学校内部对那些受学生欢迎的老师在工作量计算时会适当提高系数。

吕： 那学生评价的分数占多少比例？

GD1： 不低于40%。

吕： 这个比例确实挺高的。

GD1： 还有其他的，比如同行评价、教改什么的。

吕： 这从某种意义上说是促使教师提高课程质量。那这个与教师个人收入什么的，都是挂钩的吗？

GD1： 对的，都是有关系的，绩效考核、评优什么的，都是有关系的。我们也希望老师注重这个质的考核，不能只看量。

吕： 上海也在推这方面的绩效考核，但主要是考核工作量，质量系数好像很少。

GD1： 我们现在搞了两个，一个是学院的总体教学质量指数，学校在绩效分配的时候，会考虑这个指数；另一个是学院在给老师进行绩效分配的时候，就要考虑课程的质量系数。

吕： 就是你先分大盘子，大盘子分到学院的时候再分切，学院根据每个教师的工作量和质量系数分。这样可以激发教师动力。

GD1： 我们也是在推这个绩效分配改革。把一部分绩效打包分配给学院，让他们自主分配。

吕： 现在我们这边也在做二级分配，但可能没有你们这么细，在教学质量这一块，好像没有明显的体现。

GD1： 我们学校绩效分配占比比较高的，也就是教学、科研、师资队伍建设，像马院这样的，教学的比重占七成，其他学院可能也就五成。

吕： 对的，根据每个学院的主体任务，是吧？

GD1： 嗯，每个学院的任务是不一样的。

吕： 刚才我们在路上也聊到上海的课程思政，上海方面的系统模式您了解吗？

GD1： 这个我还真不了解。

吕： 就是在上海，市教委统一推的，比如上大的"大国方略"、复旦的"治国理政"，后来发展到每所学校都有自己的"中国系列"课程，像东华的"锦绣中国"，工程大的"共享中国""交通中国"，还有其他类似的一些。我们总的看下来，这是一个系列嘛，比如我们学校的"中国制造"，是以我们校本特色取的这个名称。其实这样一个系列，可能包括很多的板块，比如我们讲装备制造业，就请了上海电气的原任总裁过来讲中国制造 2025，把具体的一些比如发动机这种与智能制造非常有关的东西，引到课程思政里去。另一个是学校有一个公共的思政选修课，有一个思政必修课。还有一个就是在每个专业课里面融入一些思政课的理念，将它们融合在一起形成课程思政。我不知道，GD 这边有没有类似的。

GD1： 这个没有像上海一样的每个学校搞一个品牌。我们现在是院长、校领导都要讲一门思政课。你们也在弄这个吧？

吕： 对的，这个是必须要做的。放在新生入学第一课的，或者由学生处、教务处来安排，包括我们书记讲的课也是和马院一起备课的，之后，会面向全校教师、干部、学生开展讲座。

GD1： 我们有些院长，他不是专门研究思政课的，但是他讲课的时候，是把自己的专业，融入了思政内容的，这个我觉得挺好的。还有上海的这种做法，我觉得也挺好的。

吕： 这个当时是由一些学校先提出来的，然后市教委认可并推进，如果他们不推的话，我们可能就没这么好的效果。推的结果是，现在可能有几十个"中国系列"的课程。

GD1： 这个你们做得确实好，肯定也是比较受学生欢迎的。

吕：　我们在做的时候也有一些问题，就是这些都是讲座式的，不是课程式的。一个是讲座的时间不固定，与课程有区别，系统性不是特别强；另一个就是覆盖面特别窄，学校人太多，覆盖不了。

GD1：　我也看中央电视台的"大国重器""大国外交"这些教育题材，都是效果非常好的，可以激发学生爱国的情感、奋斗的精神，这些都可以融入课程。

吕：　融入式的，潜意识的。

GD1：　对，就是这种润物细无声的，潜意识中学生慢慢地就自动接受了。

吕：　这个也有说服力的，案例非常丰富，也是把实际的东西拿出来给你看。

GD1：　对，这类例子都是很好的，学生是很容易接受的。

吕：　总体来说，GD这一块应该是走在前面的吧？

GD1：　不不不，像你说的上海的这些，GD都没有做。

吕：　我们只能说方法、形式做得靠前，但真正的覆盖面，可能是有限的。

GD1：　但我觉得吧，把这个做成精品，可以放在网上，大家也可以在网上观看嘛。

吕：　对的，现在有不少的课可以在网上看到了，还有一个就是全国有一个名家思政课的巡讲团，就是从全国优秀思政教师里挑出比较好的组成代表团巡讲，覆盖面增大了，效果也更好了。

GD1：　咱们就说，正在做课程思政的这个群体，一定要弄好，但他们一定要有这些意识，如何结合到专业课，这个是有很大潜力的。这些老师，我们也只能给他们提要求，从内容上、方法上指导他们怎么做，现在还缺哪些。

吕：　对的，在如何表达思政元素方面，我们确实也在摸索。

GD1：　教师对学生的影响，有些时候讲些例子，有些时候点到就好，学生也会很自然地接受的。

吕：　这个也就像刚才讲的"大国重器"什么的，有鲜明的东西在里面，一讲大家都理解。

GD1：　对的，爱国、爱党、社会核心价值观这些，实际上都可以融入里面去，但怎么做到，我们的授课老师，还是要有这方面的意识。还有就是教学方法上，辩证法、唯物史观这些原理，都可以在里面讲，希望能够上升到哲学的高度，那对学生也是很好的教育。

吕：　这样学生的理解也会更深入、更好。

GD1：　对的，全方位育人，光靠思政课教师的力量，肯定是不够的。

吕： 另外，GD 其他高校中，有比较有名的思政课教学案例吗？

GD1： 这个我不知道。这个问思政课老师会更了解一些。

吕： 像教学成果奖项这方面，有吗？

GD1： 我们学校，这么多年来，思政课有一项，但都是学生第二课堂上的一些成果，还不是纯粹的课堂上的。这个奖项是教务处设的，他们也是第一次获得校级的奖项。

吕： 这个以前也不是很注重，是吧？

GD1： 对的，我也给他们讲，这个获奖太少了，要有这方面的意识。

吕： 这个也是普遍现象吧，都认为应该是思政课老师去做的事情。

GD1： 有些工作吧，做了也就没有再总结、再提炼。

吕： 这个也可能跟教师的工作环境有关系吧，有些教师觉得这些教学成果奖跟自己没什么关系，其实真要去做也不太难。

GD1： 有的是先有顶层设计，然后研究，实践，总结，提炼。但有的是做完了，才想起教学成果奖，这样一来，可能整个过程就很零散。如果先有个好的顶层设计，一步步走，也就挺好的，有些开始就没想这个事儿吧，做完工作就放弃评奖了。

吕： 这个也是我们思政课教师做得比较欠缺的地方，如果这一方面我们有所行动，估计有的教师会有触动的。

GD1： 省级成果展我们拿得也很少，以前我们有个独立的学院，还能拿到省级成果奖，结果现在只有校级的了。所以我说做这些工作的时候一定要有这个意识。我对这方面思考研究得也不是很多，可能对你的帮助很有限。

吕： 您谦虚了，这个课程思政内涵、课程质量系数等，对我帮助挺大的。非常感谢！

"三个融合"引领思政教学改革

一、访谈对象：ZJ1（马克思主义学院副院长（主持工作））

二、访谈人：吕小亮

三、访谈形式：书面访谈

吕： 您对本校思政课开展情况有哪些基本判断和思考？针对思政课教学效果、师生满意度、课程质量评价等如何评价？对存在问题与短板有何改进建议或思考？

ZJ1： 总体来说，目前学校思想政治理论课教学按国家规定稳步推进，教学队伍相对稳定，学校在培养方案上严格落实规定学分（包括"形势与政策"共16个）、合理安排教务（公共课优先排课）、组建教研室（目前组建了4个以课程为单位的教研室）、统一实行集体备课、创新集体备课形式、严肃课堂教学纪律（学校每周督导教学检查）、创新运用教学方式方法（工程与思政融合的教学创新模式，比如工程伦理课的开设，专业认证的对接等等，教学方法上运用专题或主题教学方法）、强化科研支撑教学（成功申报了宁波市高校思想政治教育研究基地，宁波唯一的一个基地，以此为基础反哺教学）。

　　存在问题：思政教育是一项系统工程，需要学校统筹安排，齐心合力。组建马院后，最关键的问题是如何把思政教育资源加以有效融合，思政教育教学如何得以有效保障。思想政治理论教育效果主要看课堂，近年来，理论教育满意度还有待提升，教学内容有待与学生实际和时代发展实际相结合，讲授的内容要出于教材而高于教材。

　　改进建议：第一，以"大思政"格局加强马院建设，马院是学校的马院而不再是原先社科部的马院，学校一定要根据教育部教学要求在学校党建、人才培养、教务管理、师资队伍、岗位聘任等方面出台有效举措。第二，师资队伍建设是关键，突破时空限制和部门藩篱，以"大思政"的格局组建教学队伍，加强师资培训。真正落实绩效改革精神，既要让老师有动力、有奔头，又要让老师有压力，彻底改变得过且过、"吃大锅饭"的局面。第三，教学改革是重中之重。要加强符合学校实际的思政教学改革，如何实现思政与工程专业教育的融合是我们学校今后思政教学的重点，如何有效推进思政实践教学是今后思政教学的难点。我个人建议推进"三个融合"，一是教学内容的融合，二是课堂的融合，三是队伍的融合。

吕： 请简要介绍贵校的思政课教学团队建设情况，您对思政课教学团队建设有何建议？

ZJ1： 思政教学团队建设是提高教学效果的关键。我建议从两个层面来加强团队建设。一是马院层面，加强教学基层组织建设，以党建引领教学团队建设；二是学校层面，学校可以根据学习或建设需要组建各类教学团队，比如教学名师团队、讲师团、开放课程建设团队等。我们马院和校宣传部在学校层面组件了学习和宣讲党的十九大的"风华讲师团"，主要是为广大师生和校外民众服务。我个人非常看好开放课程建设团队。开放课程建设不一定要把课程推出去（当然也极力推出好的课程或开发新的课程），最关键的是通过开放课程建设可以快速地提高教师的教学能力。另外，有了自己的开放课程，就可以真正落实网上网下混合式教学，今天的思政教学，如果离开网络，那肯定是失败的。

吕： 贵校开展课程评价的主要方式有哪些？有无单独的思政课课程评价标准、体系？可否提供基本的评价标准、内容、表格等材料？

ZJ1： 没有单独的评价标准和体系，但我个人认为完全可以试行"师生双向选择"，先由学生选老师，在学生选好的基础上，由老师选学生（实际上一般不用选）。学生选老师，老师就有一定的压力，因为选课学生数多少完全与教师的工作量考核挂钩。这样评价比学校评价更客观，更有效。

　　关于评价标准内容和考核，督导办有老师正在推进一些专家考核指标，可以借鉴一下。

吕： 您对上海高校"中国系列"课程思政改革实践如何评价、有何建议？贵省高校在思政课改革实践中有无比较好的做法？

ZJ1： 我觉得很好。"中国系列"课程是课程思政的典范。真正实现从"专人教育"向"全人教育"的转变。我们不要以为思政课就是马院老师的事情，其实，所有老师都有责任和义务，意味着非思政专业教师也可以上思政课程。我们的思想政治教育要解放思想，不要拘泥于思政专业教师，要有"大思政"格局，大力培育课程思政教育队伍。

在课程思政方面，我们工程学院的做法主要是根据专业认证的要求，把思想政治理论课程的教学与工程专业教学进行有机对接，把思政课教学要求直接在专业认证矩阵、教学大纲、教学设计中加以体现，要求专业教师开展课程思政专业课教学设计。

在思政理论教学中，我们的主要经验在于"三个融合"。

吕： 贵校推进思政课教育教学改革的经验、做法和成果有哪些？

教学团队建设、教学质量建设、教学方法改革、课程设计、教学成果奖等等。

"抬头率"很重要

一、访谈对象：HLJ1(副教授)
二、访谈人：吕小亮
三、访谈形式：当面访谈

吕：　关于课程评价方面我之前访问过一些领导、马院的系主任,比如说学生评价、同行评价、督导评价、领导评价等,但实际上,学生评价都差不多,在网上都可以看到,几乎是一个模式的,所以我想问一下我们针对思政课的评价,是不是可以设计一个专门的问卷,再做一些访谈、一些量化统计,看能不能互相印证。我们就这些简单地谈一谈,好吗?

HLJ1：好的。我是在系里做书记的,关于思政课的老师,系里按照1∶100的比例进行配置,我们老师的职称也够,学校也有一定的要求。

吕：　实际教学情况如何? 讲讲个人感受。

HLJ1：那第一个,也是感受最深的一点,就是难教,不是难讲,就是怎样让学生接受、坚信并且怎样与实际相结合。我今天跟一位老师说,我们对思政教育规律的把握还不够,认识规律,应该从感性到理性,再从理性到实践,这是我自己的个人感受。所以思政教学中就会存在"学生不抬头"的现象。我觉得你对思政课评价的提议特别好,关键是怎么去评价,这个可能是我们最大的一个问题。

吕：　对的,就是以什么标准去评价。

HLJ1：现在我们的评价都是量化的,但是这个评价没有效果,或者是缺少效果,然后教学经验、成果做法，我们都没有。

吕： 领导干部上课也少。

HLJ1： 对的，上课也少，我也只上了两轮。思政课上教学互动，我认为是非常少的。一个是大班授课，另外一个就是很难互动起来。这个呢，一是取决于教师的水平与问题的设置，二是课堂讲述的方式吧。所以我还是挺欣赏那位C老师的课。因为我听过C老师的课，他就能做到让所有的学生都抬头、都参与。课外互动呢，我觉得几乎就是零了，除了实践之外，除非就是跟老师关系非常好，还能课下交流，其他几乎都没有了。时政热点、案例讨论这些吧，有一些社会热点，个人是不太敢放开来讨论的，即要有一个导向，这个主流的事，大家可能都是知道的，但是学生呢，我觉得可能比较难讲、比较敏感，其实我们学校思政学科还是一级学科，省级重点专业，各方面来说做法还是不错的，但是从成效上来看，我自己认为还是没有达到我们理想的效果。我去听过一些大学的讲座，比如复旦大学的一些大班的讲座，我因为与Z老师跟岗，我跟他交流比较多，就是学生对思政不是我爱听或不爱听，而是拒绝听。我在大班看到的效果也差不多，学生都不带课本，或者是做别的作业，所以就是脑子里认为这个课没有用，就拒绝听，主要就是这些吧，其他的我也谈不上了。

吕： 好的，谢谢您。

抓住课程的核心价值内涵讲课

一、访谈对象：SD1（副教授）
二、访谈人：吕小亮
三、访谈形式：当面访谈

吕： 我们就按照目录提纲来讲，您喜欢哪方面就讲哪方面。

SD1： 我们就聊得随意点，不一定要陷到某个题目里。

吕： 对。

SD1： 我把一和三，就是思想政治教育中的感受和我们学校存在的质量问题合到一起谈。

吕： 好的，其实从某种意义上讲，现在思政课多少存在一些问题，对此，领导也很重视。到底是怎么个情况，就想通过访谈的形式，向我们思政老师还有各院的院长等一线教师了解一下，摸到一些比较真实的情况，就像大家刚才讲的课堂存在哪些问题，然后再去采访一些领导。前一段时间去一所学校采访了校长，还有分管相关工作的副校长、教务处和质量办的领导，内容就是从评价的视角看，思政课从哪些方面去做、存在哪些问题。

SD1： 你原来是搞哪块的呢？

吕： 我原来是团委书记。

SD1： 你学的什么专业呢？

吕： 我学教育的，我是 XD 教育学方面的博士。

SD1： 哦，XD。你是学教育里哪个专业的？

吕：　我学的是教育领导与管理。

SD1：我是学教育哲学理论的。

吕：　那我们就简单开始吧，就是想想看我们老师这边呢，在实际教育过程中最深刻的一些感受，就是不足啊，还有一些做得比较好的地方，适当地谈一谈。

SD1：我觉得思政这门课首先是思想认识上对它不够重视，再一个是对这门课的价值意义认识不到位。主要表现在以下几个方面，从学校的层面来讲，有些学校比较重视，但我们学校，我觉得他们是不太重视这门课的，有哪些体现呢？首先教育部规定的课开设得不全，像教育部过去规定的"五加一"课程体系，说实话我们学校前些年一直就只开四门课，一门"形势与政策"必修课一直都没开。

吕：　"形势与政策"吗？

SD1：对，虽然这两年开了，但是应付的东西多一点，对这个思政课没有一个实际的教学单位来管理，教材更不用说了，几乎没有。教师讲课内容就是凭各自的教学习惯凑的，教学质量很难保证，教育部特别重视"形势与政策"这门课对学生四年的全程教育，我也觉得这门课特别重要，但是实际情况就是这样。

吕：　课时量不够？

SD1：是的，不够。像我是教"思想道德修养与法律基础"的，教育部规定的是48课时，我们学校前几年包括现在的实际课时只开到32课时。

吕：　嗯。

SD1：另外呢，再跟你搞16课时、6课时或者十几课时的社会实践，把它放到社会实践中，但实际又没有社会实践经费与社会实践指导老师，就是在实践的形式上卡这个课时。今年我们学院原来还打算把这个课堂教学降到24个课时，然后网络教育再上16课时，然后再凑8个课时。这样搞，课堂教学的主渠道作用起不到啊，对吧？

吕：　对。

SD1：我们课堂教育毕竟是主渠道，所以下学期我们要按照国家教育部规定，不能少于48课时，原来我们一直是32课时课堂教育。

吕：　这算变相减课时。

SD1：对，变相减课时，也反映了领导层面的不重视。其实我们这几门课的课时都砍了。

吕：对。

SD1：另外我觉得学校不重视的一块还包括经费投入、设备条件等方面，比如我们学校原来规定的教授、副教授两个办公室，现在是三个人挤在一间大办公室。学生对这门课也不重视。这是对思政课感受最深的一点或者是我觉得我们普遍存在的比较明显的问题吧。

吕：嗯。

SD1：提纲第二和第五条我合并在一块儿讲一下。我主要谈"思想道德修养与法律基础"这门课。我是觉得这门课的教学设计，首先要从教学层面把开设这门课的目的搞清楚。

吕：对。

SD1：要明确你这门课是干什么的，在思想政治课里面你这门课跟其他课的不同之处在哪儿，自己的东西是什么。所以我觉得从哲学层面思考，就是这门课究竟是什么，然后是为什么，课堂设计做什么、怎么做？在这些方面教师首先自己要搞清楚。

吕：对，是这样。

SD1：这门课的四个关键词是思想、道德、法律和修养。这四个关键词到底是什么，这四个词重点要落在哪里，我觉得是在修养上。

吕：对。

SD1：通过道德教育、思想教育最后形成修养。修养是什么？从这个角度出发内容就太多了。行为这个东西究竟是什么，我觉得是智慧的东西，生命智慧，一定要搞清楚这门课的目的是什么。我就是通过这么思考，明确这门课的教学目的其实是培养学生的生命智慧，这是非常重要的一个东西，要义讲清楚了，这门课的意义就出来了。我觉得学生不重视，是对这门课的价值认识不够。

吕：学生们的一些认知还不到位。

SD1：作为教师，我觉得课程设计这块存在什么问题呢？其实是我们自己包括教材对这些东西的认知也还不到位。你看我们教材上，到现在还只是把道德作为一个现象，作为社会行为规范来定义。我是联系到这门课，我觉得从实质上来讲，应该是人类的一种实质上的生命智慧，教师要从这个高度上去讲而不是教给学生一些社会行为规范，如果只从我们的教材上讲，把道德定义成社会行为规范，仅从规范的角度给学生讲道德，那我觉得是个很肤浅的东西，所以上这门课从本质上你得知道这门课是什么、思想是什么、道德是什么，当然法律也是关键词，所以道德和修养联系在一块儿。对于这门课的设计呢，我一般是这样的。我们这门课的教材内容，跟其他课程相比是很晚出现的。在这么多的内容里面，我是觉得一定要把教材内容搞透，并融会贯通起来，然后我去找一条主线，关键词就是一条主线贯穿始终，具体教学时再"借题发挥"。可能你没教过这门课，你不太清楚，这门课里面有一个核心章节是人生观，人生观里面最基本的一个理论就是自我价值和社会价值的辩证统一，把这个关系概括出来，就是利他和利己，把自我价值和社会价值的辩证统一性这个关系概括出来，就是一条非常重要的、指导人的利他和利己的辩证统一性这一关系原理，这是一条从第一节课贯穿到最后一节课的主线。

吕： 得把握好。

SD1： 我觉得思想政治这门课，你一定要讲一讲规范的东西，这是门理论课，这门课要有个理论深度。比如我们那门"思想道德修养与法律基础"课，就是集中在第三章。虽然是第三章，但我过去一直是把第三章提到第一章讲的，就是先把这门课的核心思想概括好，让学生搞通了、搞懂了，一条主线贯穿始终。今年的教材做得好的地方就是把原版教材的第三章提到了第一章，所以我说这是一条主线。然后"借题发挥"是什么意思呢，我觉得教材只是一个教学参考，我所谓的"借题发挥"就是教材上的东西我不可能面面俱到地讲，我是根据主线或者教学目的挑选其中特别重要的讲，其他我没有时间去讲，所以在思想这一块我先讲人生观，然后讲理想。我是怎么"借题发挥"的呢，我选择的题目是经济全球化下如何爱国，那里面的东西完全是我根据自己过去的专业背景自己建构的，根据当前的国际形势变化，经济全球化的变化，对国家利益关系的变化，把这个理论讲清楚之后，再结合具体的中日关系、中美关系，如果现在讲这个我肯定要结合中美的贸易冲突来讲。"借题发挥"讲理想，教材上讲社会主义这些东西，学生可以自己看，我就具体讲个人理想的追求，如何做人生设计，讲人生理想，我可能是从七八个方面来讲一讲自己对个人理想的合理化建议，怎么去追求个人理想，就是你的理想一定要体现价值。到目前为止，学生还没有一个人生规划，还没有一个长远目标，给他们讲七八个方面，具体讲追求人生理想,追求人生目标,这都是"借题发挥"的。再比如讲道德,在道德方面我讲这么几个,一个是道德的背景价值,这是我原来的一个科研成果中的一个东西,从理论上讲还是一个利人利己,我们在讲道德的时候特别强调道德利他性,但我觉得其中有很多的利己价值,道德作为一种社会的生活方式,有很多方面。

吕: 重点在哪方面?

SD1: 我课堂的重点在利己价值,因为教材上重点讲的是社会价值,我没必要重复,我就重点强调七八个道德的利己性,我觉得道德教育很重要的一个方面是提高大学生的学习自觉性,要认识到价值,知道这个东西学了对自己有什么好处。

吕: 对。

SD1: 我觉得只有明白了才有道德学习的自觉性,然后我以中国传统文化为中心,重点讲道家的道德智慧,两次课,然后讲儒家的道德智慧,就它的人性伦理这些东西,结合学生具体实际,需要讲的是恋爱道德,道德这一块我是这么讲的,所以就是"借题发挥"的东西多一点。教材上除了法律那一部分无法"借题发挥"外,其他我都是"借题发挥"的,但是也不能够说是跑题对吧。

吕: 对,核心还是讲爱国、讲道德。

SD1: 对,核心还是在那,你还是要把实质的内容讲明白,但是我还是觉得万变不离其宗。可能我这门课跟其他的课不太一样,我是觉得我把一条主线弄清了,在课堂上把最重要的东西呈现出来。不能盲目跟风,教材也不能一直变,至少我觉得这样做是不太合适的。

吕: 这门课还是核心的东西。

SD1: 你就抓住这个主线,你是讲思想道德与法律基础最后形成修养的,就是让学生形成正确的生命智慧,我觉得这是第一个。各种教学情况,我觉得问题是一直穿插在课堂上的,不管哪里都会涉及一些,学生讨论的发言,因为平时成绩有15分的课堂发言,每个同学一定要课堂发言,这是课堂互动。我的课堂上还有恋爱道德提问,从头到尾都是学生提出问题来,我回答或者学生回答。

吕: 就是一堂提问课。

SD1: 确实是一堂提问课,恋爱道德这一块,因为前面最基本的理论,就是中国传统道德讲清楚之后,这个恋爱道德是结合学生自身的,他们有哪些疑惑。我觉得在我所有的教学里面包括学生的反馈中,这门课是上得最好的,它的效应特别好。

吕： 这种设计我倒是第一次听说。

SD1： 恋爱道德这几年来一直是提问式教学,学生在这个范围内放开了提,比如婚前同居啊、校园恋爱问题啊等等,有关恋爱的问题都会提,有些提得真的是很好,而且学生也可以来回答,同学之间有些有恋爱经验的就可以回答。这门课一直是提问课,学生提出问题,课堂互动。过去是课外互动,用电话、QQ、电子邮件,如果学生有重大的疑惑就去办公室聊,因为思想政治会有时事热点,我是觉得这门课跟其他课有区别,有些社会热点适合拿到课堂上来,有些可能不适合,也有一些跟我们的教学内容可能相去甚远,可能也不恰当。是跟道德法律有关的一些内容比如说高校投毒案我都会讲。

吕： 可能时事热点比较多。

SD1： 跟我的教学目的和内容相关的一些经典案例,我会常用,因为它有经典性,可能不一定是热点。思政课教学我主张个性化和自由度,个性化跟教师的专业知识储备和个性特点有关,我觉得自由度我们一直都没规定,我们教学讨论中每个老师都有一定的自由度,你在这个教材内自己选择多讲或少讲,我觉得自由度和个性化是可以把握的。

吕： 好,那评价呢？

SD1： 我们学校对思政课的评价,一个是学校规定的领导听,领导级的听课是常规性的,他们每年必须要听课,学校也专门组织了教学督导小组,还有我们学院的教学督导组,要针对每学期学生评价比较靠后的或者新来的教师听课。那个,学生评价可以算吗？

吕： 也算。

SD1： 我们每学期上完课以后要给老师作一个学生评价。

吕： 是让学生填一张表格吗？

SD1： 是网上评。

吕： 网上评,大概归纳出几个问题然后再点一点是吗？

SD1： 对,有好几个项目,最后评价。

吕： 其他学校基本上也都是这样的。学生评价是针对思政课的还是跟全校所有课程一样的?

SD1： 它是针对每个老师的,对应每个上课老师都有一个评价。

吕： 这是全校性的,不是针对思政课的。

SD1： 不是针对思政课的。

吕： 感谢!

SD1： 不用客气!

吕： 讲得非常好!

SD1： 谢谢,再见。

吕： 再见。

听过《走进新时代》的请举手

一、访谈对象：GX1（副教授）

二、访谈人：吕小亮

三、访谈形式：当面访谈

吕： 不好意思啊，GX1 老师，辛苦您远道而来。

GX1： 没关系啊，我对这个比较感兴趣。

吕： GX1 老师，我先简单介绍一下情况。研究这个课题是因为高校思政课一直反映说学生听课效果不好，老师上课积极性不高，与实际的期待有很大差距。但是问题和差距在哪里？我就想做这样一个调研课题，一方面是找到问题的症结所在，另外一方面想看看如何去改。我想趁这个机会访谈一下您，请您从一线专家的角度谈谈各方面感受。我们就放开谈。

GX1： 你们做这个其实也是帮大家解惑了。你们这个视角还是选得不错的。

吕： 是的，要不我们就开始吧。

GX1： 好呀。

吕： GX1 老师，您在这个领域里面上了这么多年的课，您最深刻的感受是什么？

GX1： 我们这个课难上，备课量很大，因为这个课是与时俱进的，这不仅是我们课程这一块，还有我们社会的大环境。我们的教材与社会大环境相比，理想与现实的矛盾是比较深刻的。还有就是我们课的内容，党和国家对这门课寄予很高的期望，希望我们培养合格的建设者和接班人。这门课是做人的思想工作的,你想啊,这个理论的东西要让学生接受、认同,还要去实践、去做,这个要求是很高的。这是别的课程所不具备的,所以对老师的要求是很高的。我们上课的时候啊,老师很投入、很有激情,但学生并不是真正接受的。这个接受度是共性问题。

吕: 这个是很重要的一点,就是学生的认可度、参与度这块。

GX1: 对的,参与度这一块,因为我们现在的学生是"98后"的,马上又要迎来"00后"的了。在教学中,比如说我在上课时播放《走进新时代》,就问学生这个歌你们听没听过,在150座的教室里面,只有两个学生举手,这说明我们在红色文化教育这一块的缺失很大。在网络时代,他们关注的只是他们想关注的东西。

吕: 对,这么有象征意义的歌曲他们都没听过。

GX1: 实话实说,因为我们对于这方面的教育是相对落后的。讲到马克思、恩格斯,学生基本上都是只知道人名,但是其他大多不知道了。这大概是共性问题。

吕: 对,共性问题。尤其是到"00后"之后,这个问题会更突出。

GX1: 现在孩子们大都在看什么?他们看的是日本动漫,看的是这些。孩子们都是看动画片长大的,是"视觉动物",一个是看动漫,另一个就是打游戏,还有就是网上的一些不良内容,这些其实对孩子们的影响非常大。

吕: 这样来说,课是比较难上。

GX1: 是难上的,实话实说。我们这种老师除了上课就是在备课,要么就是在做课题的路上。

吕: 的确是这样的。那么您在实际的教学领域中的一些经验或者一些成果,能分享一下吗?

GX1: 在思政课的实践教学过程中,我做了10年的探索。一学期的思政课一般是48课时,我把三分之一的课时是拿来做实践课。这个实践课就是有每一章每一节的实践任务,还有贯穿整个学期的开放性实践考试。

吕: 就是实践性的课程考试?

GX1: 对,都是开放性的,从第一周开始到第十几周交这样子,交的是一个社会调查报告,按小组完成的。这个效果,我觉得还是不错的。因为我是让他们去社会上调查而不允许在校园里面做。

吕: 哦,到社会上去。

GX1： 对的，就做社会调查。农村、城市都可以，把学生引到社会去，效果还是不错的。

吕： 走进社会。

GX1： 对的，你要走进社会了解国情啊。关键是学的东西要应用，要把思政课上学到的这些马克思主义原理运用到社会实践中去。你要在实践中看这个现象，看了现象之后再分析这个现象产生的原因，问题在哪里，怎么解决，这个才是真才实学。

吕： 是的，实用性，马上就学以致用。

GX1： 对的，这个就是学以致用，在这个过程当中，首先让学生自己选题，这个问题要他自己提的。然后就做调查，他是自己提出问题、分析问题、解决问题，写成一篇3 000字以上的社会调查报告。这样子做下来老师花的时间也是非常多的，因为在选题方面学生提出问题的能力是很有限的。

吕： 其实整体上学生提问的能力都不是特别好。

GX1： 因为从全国来说，我们在这方面的教育是比较落后的，所以学生提问题的能力比较差，老师对学生提出的问题还要审核，帮助他们去选一个合适的课题。课前的、课中的、调查中的、调查后的整个过程老师都要做指导，所以这个工作量还是比较大的。但是有的小组完成得还挺好，他们七八个人一个组。他们去社会上调查，我要求他们这个问卷调查至少需要做100份，就是说他们至少要接触100个人去做这么一个调查，回来之后对资料数据再统计，写完了报告之后交到我这里来，我给学生提出修改意见。一般都要修改四次，过了四次之后回来的这个报告就比较令人满意了。他们的调查报告最最差的也有七十几分，一般都是九十几分，还有一个小组做得特别好，得了一百分。

吕： 反反复复修改，他们自己的收获肯定也很多。

GX1： 是啊，所以这些期末考试的实践作品，能拿出去参加各级各类比赛，我们学生的优秀作品还参加了两年一届的"挑战杯"，十几年下来每次都会获奖，已经获得十几个奖项了。

吕： 对，我原来是团委书记，我的学生也获得过"挑战杯"金奖。

GX1： 得金奖不容易啊。

吕： 对，我为我的学生高兴。

GX1： 所以说成绩也是摆在那里的。课程效果应该还是不错的，学生一开始还有怨言说老师这个任务难度太大了。

吕：他们收获也很大。

GX1：对的,他们收获很大。因为团队合作,社会实践,问卷调查,让别人接受你的问卷调查、访谈,都是一个综合能力的运用过程。我也会让学生写体会、写日记,在这个过程当中学生会写这个学期的调查报告,整个实践过程下来收获满满。所以这个模式我觉得对学生来说是个很好的锻炼,因为它具有普遍性,我上的课因为是三节连排,就给他们上两节课,另一节课就让他们去完成这些东西。

吕：就是三分之一,三个课时里面就分两个课时理论课,一个课时实践课。

GX1：对的,就是"2+1"的模式,学生到社会上去,他就会知道这样的学习是有效的。在这个过程中也会遇到个别学生的不理解,有个化工班的学生去教务处告状,说专业课作业已经这么多,一门思政课还要布置这么多作业。因为这个实践教学的作业每一章都有,每章知识点有一到两次实践作业,还有考试。我们教务处的副处长就约谈我,说不能给学生布置这么多作业,一学期布置两三次就行了。

吕：大家都不理解。

GX1：对的,不理解,因为他们没有经历过社会,学生不知道社会上要的是什么样的人,所以说我觉得这个就是我的一个体会。我们还得过学校的教学成果奖二等奖。

吕：那教学成果奖二等奖相关材料能不能给我学习一下?

GX1：好的,这个都可以把电子稿给你的。

吕：好,感谢您。这里面对您的很多教学经验都有一个总结,可以学习到很多东西。

GX1：为这个奖,老师付出的精力比较多。因为上思政课的不只一个大班,一上就是三个大班一起,假如把学生分为八人或十人一组,那么也有40组。

吕：对的,从某种意义上讲,您给学生布置的任务量大,其实您自己的任务量也是成倍地增长。因为他们要不停地来找您,很多的课题要给他们指导、要修改,您的任务量肯定更大,所以说教务处应该更理解您才对。

GX1：但是现在要求不一样了,这个可能也不能做下去了。因为现在是新的做法,要求两个学生一组来做实践,4月份发的新时代思想政治理论课的教学规范文件里就写了。所以要做的话还需要花很多精力,因为它是一门单独的课了。

吕： 对的，听您这样讲，这个任务量再加上，您的投入确实非常大。

GX1： 说白了就是个巨大的工程。也有老师做实践教学的，他也让学生去做社会调查，但是他不像我那样会在选题环节就给学生把关，不行的话马上修改。我的整个过程反反复复至少两三次，到了社会调查问卷的时候，再对学生的问卷进行审核，不合格的退回去重新修改，再进行到下一个程序。每个环节基本上都是百分之百要修改的。

吕： 对的，这样的几个来回、几次修改，最后的感觉就会好很多。

GX1： 原生态的和反复修改的质量是天差地别的。

吕： 而且每修改一次，对学生思考的深度是有帮助的。

GX1： 对的，这就是一个能力不断提高的过程。其实在我们这种应用型大学里这样的一个实践如果能够持续做上三年，培养出来的学生应该都是很棒的。

吕： 对的，他们看问题就会从现象到本质，就会有深度，一个逻辑或者一个思路建构起来之后，对他以后的认知是有好处的。

GX1： 这是一个理论思维习惯的养成，并且他所解决的是社会现实问题，不是一个虚拟的问题。一个学生如果能这样持续三年，效果真的很不错。因为我自己不是科班出身的，我是从技校毕业之后到企业工作10年，这当中我又去读本科、硕士研究生，所以在企业用人这块的要求我是比较了解的。而我们不少教师的一个缺陷就在于他们从高校到高校，没有经历过社会的磨练，这个是最大的缺陷。

吕： 您是这样一路走过来的，所以您对这个实践性的东西非常有感觉。

GX1： 是的，非常有感触，因为当年我们读技校的时候，是两年学习之后，剩下几年都去实习的，所以说实践很重要。我们说学马克思主义理论，马克思的理论基础就是实践的观念。

吕： 对的，实践是检验真理的唯一标准。其实您刚才讲到课上面存在的问题，可能就是我们通常讲的"抬头率"啊什么的，还有您刚才已经讲到的教学团队这块，学校里面有没有类似这样的团队？

GX1： 这个教学团队只能说是名义上的，实质上就比较分散。其实最好还是要有一个这样的教学团队能够把人凝聚起来，实实在在做个领头羊，实实在在做点事，提高老师的水平。

吕：现在是比较分散的,对吧,没有实际的团队。我之前访谈过一些大学的校长,他们普遍的反映,第一是高校教学团队的数量,按师生比看师资力量明显不足;第二就是结构失衡,比如说新老教师、有经验和无经验的老师,这方面的结构失衡。我不知道你们学院有没有这样的情况。

GX1：我们师资很缺呀,我们学校有14 800多名学生,我们专职的思政课老师现在只是16个。

吕：这个将近1 000∶1了,这高于教育部规定,难怪吃力。

GX1：但是我们有一支兼职队伍,就是辅导员和做学生工作的党委副书记。

吕：现在这个也是普遍现象。因为现在全国有这个专业的博士学位点的学校不多,然后这些博士毕业之后,想进高校当老师的有限。这样的话教师的来源就少,而全国这么多高校都要找思政课教师。

GX1：还有就是本身学校在思政课老师的学历提升没有规划和支撑,就是说现在思政课老师考博士是很难的。整个GX有思政课博士点的就GXSD一所,所以靠这一所高校培养一个省的思政课教师肯定是不够的。

GX1：思政课老师的考博士也是很难的,博士专项计划里面,还有年龄限制。今年教育部增加思政课教授骨干博士这个指标,但是还是供不应求的。

吕：培养的力度还得加强。

GX1：知识培养就是提高老师的学历水平,其实就是科研能力的培养过程。

吕：人才培养,非一日之功。尤其是您讲的这个三年四年过程,如果他都能坚持下来,那么就能取得很多东西。

GX1：其实像我们这种地方,如果每年给一所学校的思政课教师一个指标去攻读博士,这个效果就会好很多。

吕：的确不容易,名额太少。关于教学设计,您刚才讲了实践性的比例包括一些设计,这块非常好,这些与我们这种应用型的高校实际匹配度,或者说是应用可能性非常高,尤其是课程当中的理论和实践的结合,让学生走进社会,这个设计非常好。

GX1：我觉得这门课就应该这么上,对学生光讲理论,他们还是一群十八九岁的孩子,什么都不知道啊。尤其像我们学校的学生,有70%是农村来的,农村来的孩子对于整个社会的了解是真的不足。

吕：你们14 800多名学生中,当地学生大概占多少?

GX1：应该有80%。

吕：　西部地区的这种应用型高校当地学生应该来说会偏多一点。

GX1：我们学校也在转型，向应用型大学转型。

吕：　除了您刚才讲的那个实践型的、指导他们的课题外，您能够介绍一下教学互动方面的情况吗？

GX1：互动这块，我觉得Z老师课堂效果不错，因为这学期我就是这样实践的。他去年5月份来我们学校搞培训，我们以前思政课不这么上，我们上600多人的大课，但是现在我们改成120多人的课堂，学生的互动情况有所改善，用Z老师的这种模式课堂效果还是不错的。

吕：　互动方面一般是选代表吗。

GX1：不是选代表，我们的学生和上海学生不一样，我们的学生不爱举手的，老师就点名。还有就是你要给他加分，我不能给学生布置很多课后作业，他们也没精力，多数也是应付你的。那么我们课堂上就解决这个问题，我把问题提出来，叫他拿手机阅读相关文献，阅读完了之后，把这个问题当场讲出来。这个不用建群，我们思政课上要让学生用手机查一些相关文献或者一些社会热点问题，我就有针对性地提出一些问题，让他们去查资料，当场讨论，我觉得只要是学生中的热点话题，那么这个效果就会很不错。现在的学生虽然说不够主动，但是谈起来的时候他们都有观点，都能谈。这个是现在的学生和过去的学生的区别，过去的学生谈不出来。

吕：　现在他们在手机上看多了，也能够有一些自己的认知了。

GX1：让他们在手机上查查，即使没有自己的观点，读读人家的观点也好，这也是一种教育，这也不是我们老师灌进去的，是他自己读进去的。所以这样的教学互动还是做得不错的。

吕：　那么课外呢？像手机微信上的互动那种。

GX1：我们都是让学生进QQ群，但是除了教学上的作业、复习资料之外，别的再花精力作用也很有限。

吕：　对的，因为本身也算是大课堂。

GX1：我们一般一个学期一个老师大概要有400个学生。

吕：　这个压力还是很大的，那社会热点这块您讲得多吗？

GX1：我都讲的。备课首先就是上人民网、新闻类网站去看这些热点新闻，如果不讲的话简直就是失职。

吕：　那学生对哪方面的热点比较感兴趣？

GX1： 我每次上课都进行新闻播报，让学生关心社会政治热点这一块，如果你不给学生进行新闻播报的话，他们对政治就不感兴趣，可能就会关注那些娱乐新闻，还有那些社会负能量的新闻。

吕： 这个新闻播报是以什么样的形式？就是您读一下吗？

GX1： 我大概花几分钟的时间，让一个班中的几个学生把新闻播报完了之后，再挑一个热点出来让学生分析，学生们的综合分析能力，这个时候就用到了。

吕： 就是学生自己发表见解和分析，这个形式倒挺好的。

GX1： 这个我觉得效果也是不错的。

吕： 像这个效果越是小课堂越好。

GX1： 对的，人太多的话课堂氛围不太好控制。现在120多人的教室，这个效果确实是不错的。

吕： 那么课程评价这块，你们学校有开展相关的操作吗？

GX1： 有的，学生给老师打分的。

吕： 这个是纸面的，还是网上的？

GX1： 在教务系统上面的，学生给老师打分。

吕： 都是比较普通的做法哦，那除了学生评价老师外，同行评价有吗？

GX1： 我们的教研督导。

吕： 督导的听课频率高吗？您一学期48课时，听一节课差不多吧。

GX1： 那我就不知道了，反正督导是要听课的。

吕： 那总体来说，思政教师对课堂的把握度还可以吧？

GX1： 还可以的，老师是很负责的。整体来说，我们学校学生对于思政课的评价还是不错的，学生评价能给到90分以上。

吕： 是，能够得到学生的认可还是不容易的。

GX1： 整体来说，学生对思政课的评价还可以，毕竟老师花了那么大的精力。

吕： 是啊，我听您这么一讲，您在这个领域里面真的花了很多精力和时间，因为本身这么高的生师比。

GX1： 所以说，思政课是个"良心工程"。

吕： 真的不容易。

GX1： 您对思政课的这种研究挺不错的，这个机会是挺好的，大家交流一下。

吕： 因为各个地方不一样。3月份的时候，教育部在上海召开了全国高校思政工作课程推进会,很多高校的领导去交流,这个也是不错的,各个城市对思政课改革都有一些探索,就是进度不一样,方式不一样,然后再加上实际的情况也不一样。比如说师资队伍方面,有的学校受限于师生比例,14 000多名学生只有16个老师,这个比例与15 000名学生有30个老师所形成的压力又不一样了。再加上整个师资的吸引力,可能东部地区会强一点,相对而言西部地区弱一点,之前我们访谈的时候都反映有这些情况。

GX1:的确是这样,祝你研究顺利。

吕:好,感谢啊!

GX1:不客气。

百人课堂的质量难题

一、访谈对象：TJ4（副教授）

二、访谈人：吕小亮

三、访谈形式：当面访谈

吕： 我们简单聊一聊，您是很多年在上思政课的，就是这个课上下来有没有一些很深刻的感受，或者是有没有一个阶段性的总结，比如说以前是什么样子的，现在有怎样的？

TJ4： 如果这样来说的话，我觉得现在的学生更难进入你的理论教学。因为现在是信息化社会，获取信息的渠道太多了，获得信息的便利化程度太高了。在理论学习上一个人的时间和精力，都是固定的、有限的，然后呢在其他的信息渠道上花的时间多了，在学习上，尤其是这种理论教学，在思政课上花的时间就会少一些。我们这门课，学生其实在中学里面就已经开始学习了，高考的时候他已经背了好多遍了，然后到大学里边基本上是同样的内容，就是重复性学习，学生就不愿意再学了。而我们这个课堂教学呢，教育部规定了讲述的教材内容，再加上大学教学课堂的时间也有限，你要想给学生讲得更深些，实际上学生的接受能力和教师的教学时间都是存在矛盾的。

吕： 就是无论从教材的角度讲还是从教学的要求来讲，大学和中学的内容变化不大。

TJ4： 从教材讲，它的内容变化不太大，这些基本原理都是这样的，因为我自己就是教马克思主义基本原理的。你看学生在高中的时候,高考的很多内容,虽然他到大学的时候不一定还记得自己背过的那些东西,可能好多都还给老师了,但是他看着眼熟。当今社会瞬息万变,学生愿意学习新的东西,你要讲一些新的东西,还是能够吸引学生的,但是你要是按照教材讲,这种老生常谈还真的不容易吸引学生。这个也可以理解,而且我觉得现在的这些学生们,生活条件好了之后,对于那些享受的、吃喝玩乐的东西,很感兴趣,因为他们没有生活的压力。哪像我们这一代人上大学的时候,觉得就是得通过自己的努力,改善自己的生活、改善我们家庭的条件。但是现在没有这样的压力了,生活条件已经很好了,能够维持现在这种状况就可以了。他们对社会的发展与变化是很难了解的,像我觉得现在我们有忧虑,觉得我们要想在更高程度赶上那些发达国家很不容易,但是学生们他不会有这种感觉,他觉得自己从小生活得就很好,以为社会就一直会这样。

吕: 这倒是一个很重要的思考。那在实际的教学实践过程当中,你们采用的比如教学方法啊、经验啊方面的成果,请您简单介绍一下。

TJ4: 我们是外语类院校,思政和专业学习是结合在一起来做的。比如说,我们整体的外语水平都是比较高的,所以我们在理论教学的时候,先让老师进行理论讲授,然后让学生内化,内化之后,让他们通过讨论再讲出来,这个呢就是一个掌握世界观和方法论,然后把它应用的过程。我们通过两个实验教学,让它实现这样一个转化。我们做的一个项目,就是"外国人看中国"系列。"外国人看中国",实际上就是引导学生看外国人。我们让学生找自己学习的语言的对象国,比如说你是学英语的,那你就找英语类国家对中国的研究报道;你是学日语的,那你就找日本对中国的研究报道,然后把它翻译成中文,你再根据这篇文章进行分析,再写一篇2 000字以上的评析。但是找的这个外文的报道我们要求翻译成中文后也有2 000字以上,再写一篇2 000字以上的评析,就是你要评析外国人的观点,我们要求学生评析外国人的观点的时候,首先要了解他的观点、他的倾向性态度是什么样的,对于我们中国他是一种友好的态度还是不友好的态度。还有就是外国人在研究报道中国的时候,是不是实事求是,是不是用那种发展的观点。因为我们讲世界观、讲方法论,就是他有没有用一个正确的世界观和方法论来看待我们中国,不管他是赞赏我们还是批评我们,其实都有这个问题,有的时候不切实际的赞扬,也不是实事求是的,他批评的时候哪怕很刺耳,但是假如真的找到了客观问题的所在,这个也是实事求是的态度。所以学生在评析的时候,需要用自己学过的马克思主义基本原理来思考外国人对我们中国的研究报道是不是客观的、是不是采用发展的观念。比如说看到了问题,那有没有觉得我们中国以后会解决这样的问题,这就是发展的观点,所以这样对学生的锻炼作用还是挺大的。

吕： 对,这个我觉得真的挺好的。

TJ4： 这是一个实践教学,我们现在已经把它系列化了,我们每年就是根据中国的一些比较重大的事件,让学生集中地针对这些事件,找找外国人对它的看法。比如说十九大召开,我们就让学生找一些外国人关于十九大的研究报道,再就是阅兵式,还有关于中国梦啊、核心价值观啊,我们就是找这些热点来做的。

吕： 那学生是团队化的,还是一个人做一个?

TJ4： 因为我们这个课堂比较大,我们原来都是160～170个学生左右的课堂,一个一个做的话老师根本就看不过来。这个工作大概是四五个人一个小组,这样呢,遇到问题时大家还可以讨论研究一下。

吕： 这样合适一点,学生可以团队合作。

TJ4： 这是一个。然后还有一个项目就是这个国家或地区领导人产生机制比较研究。我们让学生至少要找两个国家或者地区,对他们的领导人产生机制进行比较分析。我们要求学生首先要找到这个国家或地区都有哪些政党,然后每个政党它代表的是哪些阶层,这样作一下比较,然后就是选举的过程,有哪些细节、哪些程序,怎么进行选举的,什么人具有参选的资格等等,有一系列的要求。还有一块就是施政效果,就是这个领导人选出来之后,经过几年的执政之后,他执政时期本国或本地区的经济、政治、文化有一些什么样的进步或者是退步等等,比较一下。学生在做这个的时候,就会因为要选两个国家或地区,就会先查找一些资料,做一番选择,做完选择之后,在对这两个国家或地区进行比较的时候,他就会知道这个世界上没有千篇一律的模式。因为像一些发达国家,比如说美国和英国就是不一样的,英国和法国、德国又是不一样的,所以我们就不给学生结论,不说我们中国的模式一定好,对吧？可以让学生自己总结出来,世界上没有一个完全统一的模式。我刚刚忘记说了,其中前面还有一个部分是历史沿革，就是这种选举机制在这个国家或地区的历史沿革也要加以研究，因为它都是变化的，比如说学生在做美国选举制度的时候，女性选民他们具有选举权，那这个不是从美国建国的时候就有的，所以它都是有一个发展变化的过程。

吕： 你们做的这两个系列真的很好，而且学生在研究过程中自己得出结论，所以自己的认可度非常高。

TJ4： 因为我要是跟学生说我们中国选举制度好，或者说美国选举制度不好，学生肯定会提出不同意见。有的时候我一上课，让学生提一些问题，学生就问咱们为什么不实行三权分立？我说这个问题你可以先设问一下，教学过程中咱们大家再讨论，做完这个作业后他其实就明白了。还有一个呢就是我们去年新增加了一个"家庭家族家乡——生活奏鸣曲"活动，这个就是因为咱们改革开放以来，中国真的发生了很大的变化，让学生从历史的角度采访他自己的家人、调查他的家乡，感受改革开放40年来的巨变。这其实也是从唯物论辩证法的角度看问题。他如果真正做了一个做实地调研的话，那他会有一个很深的感受。我们主要是做了这样一些，主要是说在教学上由老师设计一个比较好的主题，然后让学生去实施，让学生自己去调研去思考，这也是我们实践课的家庭作业。然后还有一些专题讨论，我们也是根据现实生活的发展去设定的，比如说电影《战狼Ⅱ》特别火，就让学生谈一谈对《战狼Ⅱ》的看法，就讨论这个专题。学生在讨论的过程中会检讨这部影片，比如说它是不是个人英雄主义成分太多了，还有就是从艺术的角度怎么看，就是全方位的，讲什么都可以，只要你思考过，你得出你的结论，我们都是允许的，因为现在那些好莱坞大片，学生也看得挺多的，他就会做一些比较，在比较过程中，哪怕是一些关于电影艺术的表现手法有哪些不同，我觉得也是有收获的。

吕： 对，只要能够通过自己的思考去发现不同的问题。这三个块我觉得都很好，我有一个感受，就是觉得你们选的这个点从某种意义上说校本特色非常明显，对吧？

TJ4： 确实如此。比如上面来交流，我们校长特别高兴，因为这个就是我们的亮点。比如说像我们那个翻译性的文章，你在做这个作业的时候，就必须进行翻译专业的训练，而且我们基本都是一年级的学生在做，有的学生翻译这种政论性的文章，能力确实还有一些不足，好多学生都去向专业老师请教,这就是一个进步的过程,这个很好。

吕: 除了这个之外,还存在哪些问题,也请您简单谈一谈,课上课下的都可以。

TJ4: 现在我们的课堂规模还是稍微大了一点,在课堂上师生之间的交流还是比较弱的。我们现在大多数课堂有100~120个学生。

吕: 是有点大,不过比刚才访谈的另外两所学校好点,他们好像有150个左右。

TJ4: 我们也是去年才达到这个规模的,去年因为我们一下多进了几个老师,师生比例才降下来,今年再进几个老师还可以再降一点。

吕: 你们现在总共几个老师?

TJ4: 我们现在是17个。

吕: 那学生呢?

TJ4: 1万出头。

吕: 那这个生师比太高了,这个是基本规模方面的问题,还有其他方面问题吗?

TJ4: 从老师这个角度来说,尤其是现在,比如说去年进的多了之后,老师的专业来源就比较杂,好的地方就是他从别的专业转过来的,可以开阔学生的思路,但是可能在理论教学上会有所欠缺。

吕: 这是个问题。

TJ4: 现在我觉得主要是在于老师的努力,比如说天津和上海都特别重视思政课,北京也非常重视,但做起来真的是困难,也许这是我们思政教学面临的普遍困难。

吕: 从某种意义上各高校都有这个问题。那像这17个老师当中,教授、副教授、讲师大概各占多少?

TJ4: 我们有4个教授,有6个副教授,有7个讲师。

吕: 那里面有多少博士?

TJ4: 博士占到了70%,我们是12个博士。

吕: 噢,这么多,你看这个跟一些西部高校就完全不同,他们很少有博士,比如说30个教师当中只有两三个博士。

TJ4: 因为我们这几年不是博士就不能进,尤其是思政方面,但是还有一个问题就是女教师多、男教师少。

吕: 前一段时间采访了很多高校的领导,他们普遍的感受就是教师的数量这一块,结构这一块,还有就是整个成绩这一块都有一些不足,比如说按教育部门规定的师资结构比例,实际上很难达到。

TJ4： 我们学校教师编制,按照市人社局的要求,现在就满编了,这就意味着只有调出或者是退休才能够腾出名额来,才能引进人才进新人。但是去年因为市里对思政课特别重视,所以思政课教师、辅导员,还有党组织中做思想政治工作的教师这些编制,可以超点,我们去年就进了一批老师。

吕： 那课堂上有没有什么问题?

TJ4： 课堂上其实就是学生问题,对这门学科不太重视,有时候课堂气氛还是比较沉闷的,像我们外语类院校,学生的学习负担比较重,所以他们在课堂上就做别的专业课的作业,学英语的学生还好一点,我们有好多学生学的都是小语种,进大学之后都是零起点,他的学习任务就特别繁重,所以前几年有个学生就跟我们聊天说,自己学习比高三那一年都要累,因为那些小语种都要求学生专业要过几级,然后呢除了专业过几级之外,还要求第二外语就比如说学日语专业的学生英语要过专业六级,所以这对学生来说学习任务确实是相对重一些。这个也是我们觉得我们做的这个作业挺好的原因,但是学生说,哎呀老师我们现在花在您这门课上的时间比花在本专业课上的时间都要多了。

吕： 那像我们现在这 17 个专业教师,他有没有组建团队,以什么形式组建团队?

TJ4： 我们现在是申报学校的创新团队,还有就是全国不是在评名师工作室吗?市里也在评,然后我们学校也要建名师工作室,我们学校就搞了个培育的工作室。

吕： 那这样挺好的。

TJ4： 就是学校给你资金,你自己组建工作室加强培养,从学校来说,现在真的是特别重视。

吕： 那是专门的科研团队?

TJ4： 那个创新团队,属于科研工作,就组建科研团队。前几年组建创新团队的时候,我们就有过一个,验收通过了,然后现在是新的一轮,今年正在申报,我们部门的这个就是新思想的研究团队,这个还是很有希望的。

吕： 对,这个挺好,这个现在也是热点。后面就是实际的教学设计,有没有你认为比较好的教学设计?

TJ4： 我们学校就有个做得比较好的,是用微信辅助思政课教学,我们每门课都建立了微信公众号,然后每个老师都跟学生有联系的微信群。

吕： 也就是说课上课下都可以互动了。

TJ4： 对。比如说我们要做实践教学了,可能有一些要求会通过公众号推送给大家。当然我们也在网络课堂推送,就是几个渠道,然后再加上微信,一个是推送一些要求,还有就是一些比较好的学习资料也通过微信公众号推送。我们的实践教学,基本上都是把它做成比赛的那种形式,那些非常优秀的小组,他们的作业我们会通过微信公众号往外推送。这个阅读量,就是它的关注度,都能要达到一千多人次的,因为我们一个年级就是两三百人左右,每门课学生们都有所关注的。

吕： 一门课一个公众号的这个做法倒是第一次听到,挺好的,以前可能都是一个学院一个公众号。

TJ4： 然后负责维护公众号的学生,是可以在后台回复一些问题的,比如说学生向公众号发送了学习感悟,可能学生有一些想法,维护的学生就可以在后台回复。

吕： 这样也要有专人管理。

TJ4： 必须有专人管理,只能由专人来管理这个公众号,因为他跟手机号是绑在一起的,别人不能用。

吕： 教学互动这一块你刚才也讲了,其实当中的工作量是非常大的。

TJ4： 我们以前就是因为工作压力大,对学生的指导的会少一些。我们打算从下个学期开始改变这种方式。以前就是先集中在课堂上进行一次初赛,然后再到学校做一次决赛,我们打算下个学期改变方式,不是做那种一次性的决赛,就像这一次课,我们布置给那几个小组做这个作业,在做的过程中老师就对他们的作业进行点评,这样对大家的思维方式的锻炼和提高更有好处。

吕： 这个是加强过程当中的训练而不是只看结果。那课堂之外的,有没有课程的微信公众号和课程之外的,因为像上海这边有教学激励计划,我不知道你们这边有没有教学实践、教学经验可以分享,就比如课后,每周讲师有三天、教授有一天在办公室而不是在教室里专门对学生作答疑。

TJ4： 这个我们还真没设。

吕： 那有没有思政课老师进寝室去关心学生的情况?

TJ4： 那个几乎没有,因为老师们都觉得这都是辅导员的事。

吕： 对。

TJ4： 你们上海这种课后答疑很普遍吗？

吕： 学校有要求，一周必须有两天或三天，老师的职称不一样，要求就不一样，你可以在教室里，也可以在办公室里。

TJ4： 这个列入教学时间吗？

吕： 不列入教学时间，但是作为绩效考核的一部分。

TJ4： 那就是说你只要在自己的办公室就可以。

吕： 但你要提前告诉学生我在办公室或者在某个教室里面，学校会安排人去看，就是我们有督导团队。老师报计划，每周两次或三次在哪个地方哪个时间段为学生答疑。

TJ4： 那你们是按课程分呢还是按学院分？

吕： 这个已经做了有两年左右的时间了。一开始做的时候，连学生都不知道会有老师来或者不确定老师到底来不来，后来常态化了，学生养成习惯，老师也养成习惯了。就是有些专业课的学生会比较多，思政课还是比较少，但是至少师生双方都知道有这样一回事，晚上留在学校为学生答疑的老师就越来越多了。我们每天白天、晚上都会有老师值班答疑。老师除去上课，比如说你一周三天有课的，那你必须拿出另外一些时间来为学生答疑。一开始实施的时候是有反弹的，因为老师要备课或有其他事情，但是现在看来，形成常态之后效果要比想象的好。有学生来了，然后能够与教师互动起来，而且都是小范围的，因为这个互动真的是师生面对面，学生带着问题来的，效果就非常好。这个也是我们上海都在推进的。

TJ4： 今年以来，我们市里推出了思政改革的好多项目，我们忙得不可开交。比如市里一共有五所高校实践教学做得比较好，市教育部门就选定这五所高校，你们可以参照做一些实践教学的项目。像我们学校就是在马克思主义基本原理课上开发了一个实践教学的项目，我们选定的就是"四个全面"，然后我们选了八九个实践教学基地，每一个基地差不多就对应着一个或者两个设定的教学内容，带领学生去参观，所以我们要写教案、写大纲，带领学生参观，设计实践教学的整个流程，工作量还是比较大的。还有就是课程思政，像我们学校就报了一个"新时代中国特色与国际比较"这样一个课程，由专业课老师来讲，是一个系列讲座，因为一开始没叫教务处参与，所以都是我们自己来组织的。这个工作量也比较大，因为你要组织专业课教师来讲的话，他教学工作量就更大了，我们现在就是请校院两级领导,再加上一些专业课教师,让他们来讲。

吕: 这个做法上海市也有,是全市层面的。

TJ4: 我们这边也是全市层面,我们全市报了50多门课,最后评10门确定为市级的。课程评价我们一直在实行,一个是学生评教,再一个是同行评教,还有学校督导组的督导评价。我们学校前两年还弄了一个新的,属于干部评教,就是要求处级以上干部每个学期至少要听两次课,我们思政课中标的概率特别高,因为那个像日语、俄语、德语那些外语课,你去听,根本就听不懂,思政课能听懂。有的时候老师们经常向我报告,发现今天来了三个老师听课,甚至有一位老师开学至今被听了七次课。

吕: 那干部评教这块,是校级领导评吗?

TJ4: 对,就是校级领导,因为现在要求校级领导听课,你看咱这思政课检查的时候,它的指标体系里有效果这一项的,所以校级领导老去听思政课,专业课校级领导有好多都听不懂,但是思政课他们几乎都懂的。

吕: 还有就是思政课的运行、管控这些方面的把控,比如说"抬头率"啊或者是上课的出勤率啊,这种情况,是怎么控制的?

TJ4: 现在要求严格多了。学生到课率还是比较高的。比如说我们这个原理课,去年我们还实行了移动课堂,就是用手机点名或者用手机留作业,其实这也是一种变相的点名,对吧?至于"抬头率"实际上是取决于课堂质量的。

吕: 那整体的就是老师对课堂的把握的力度还是可以的,对吧?

TJ4: 我们思政课教师实际上比专业课教师更认真,总的来说啊,因为专业课老师可能花的时间不多,但是学生觉得这些专业知识自己能用得到,所以就学,但思政课学生经常觉得这些自己可能用不上,所以就不愿意听。上课的时候,学生都低着头,老师的自尊心也是很受伤的。所以思政课老师在调动学生学习积极性方面,下的功夫更多一些。我自己对我们部门的要求就是每门课必须有实践,必须给学生留作业。有的专业课老师看着你抱着一大摞作业,说现在谁还留作业,但我们思政课就必须有作业。

吕: 听了你的介绍,收获好多,你们选的几个系列,我觉得真的很好,包括公众号的一些做法。

TJ4: 但其实用微信助教对老师而言真的是挺累的,花的时间多,做好一个公众号,要让它吸引住学生,还要跟学生建立微信群,这些都要花非常多的时间。学生方面主要是众口难调。

吕：我接下来问一下，教育部现在不是要求除了"概论"之外都是三个学分，"概论"是五个学分，你们是怎么执行的？

TJ4：学校应该都是要执行。现在你们学校的实践教学怎么做？

吕：上海这边在全市范围推了一个"中国系列"，也是课程思政。我们这边做了一个"中国装备"，我们请了一些在制造领域比较有名的专家学者，加上我们自己的咨询团队，然后来做这样一个系列性的课程，角度跟你们这个有点类似。专家资源也很丰富，比如说振华重工的、上海电气的、宝钢的，这些都是行业里面很牛的专家学者，然后讲的时候与实质性的东西结合度比较高，学生听说大牛过来讲课，参与度就高，但是这当中也有一个问题，我们自己分析下来就是覆盖面的问题，因为讲座人数有限，另外一个是频度有限。就比如说一个月有一两讲，这个是现场来讲的，我得组织学生，再加上整个学生量和实际的覆盖度就会不一样，最多一个学生轮上一次不得了，对吧？现在只是把它录下来，视频还没上线，我们以后想把视频上线，但是这个和实际现场听的效果会有很大差距。"中国系列"课程每个学校都有，而且就像我刚才讲的，可能校本重点是特色结合度比较高的，这个效果是很好的，上海市教委也在全市范围内重点推广。

TJ4：我们也觉得挺好的。

吕：我从一个不上思政课的老师的角度看，可能核心的问题也就是它的覆盖面，我们有系列性，那系统性也得跟上，对吧？每个系列它可能由几个板块构成，但是还要限于师资的实际情况，对吧？

TJ4：对的。

吕：谢谢您接受访谈。

理论深度的把握很重要

一、访谈对象：SH1（副教授）
二、访谈人：吕小亮
三、访谈形式：当面访谈

吕： SH1 老师您好，我想就思政课教学的一些问题向您请教。

SH1： 您好，思政课教学方面，我有一个总体感受，就是课程理论程度不太够。比如上海很火的一位课程思政教师，因为她是宗教哲学博士，所学专业和马克思主义关系不是很大，因理论内容比较丰富，所以课堂效果不错。但我还是觉得这个就是一种类似于加强版的心灵鸡汤，虽然课堂效果比较好，但从思政课的根本任务来讲，是立德树人，要加强意识形态方面的引导，心灵鸡汤这类东西，我觉得还是弱了一点。

吕： 我也听过关于这位老师的一些评价，可能她更侧重于情感交流。

SH1： 我们上台的那位 C 老师，是位非常好的思政课老师，他今年刚获得了一个省市级大赛的一等奖，他的研究就比较有理论深度，C 老师讲得也带给我很多思考。我觉得 C 老师的课能够给学生提供一些差异化的问题，比如为了讲这个内容我备了很长时间的课，也看了一些案例，但是学生却比我了解更多，所以我觉得差异化就体现出来了，就看你能不能用马克思主义的原理或者理论作为基础加以分析。

吕： 你的意思是你在备课时只是找到了一些表述性的内容。

SH1： 对，只是把网上的案例拿来讲，甚至将网上的原文照搬到课堂。你或许觉得很新颖,但学生天天看到的可能比你更多,如果教师能够提供一种与学生有差异化的视角加以分析,更重要的还在于教师如果能用马克思的理论对它进行一个深入的解读,这样既能够丰富它的一个理论性,又能够体现出一个引导性。

吕： 我对你这个差异化很有兴趣,我刚才讲的其实就是视角或者说学生理解角度的问题。

SH1： 对,其实很多时候在课堂上会出现学生教老师的情况。

吕： 还有一个差异化,我在做问卷的时候,考虑了很多的变量,变量当中有一个经济因素,我发现经济因素对思政课的影响效果还是蛮大的。

SH1： 现在我还真是没有太多考虑经济方面。

吕： 因为我想经济基础决定上层建筑,思政课会不会有这种情况？我们就设计了经济因素,包括几个视角,一个是家庭经济,一个是中东西部地区的学校,然后是城市、农村、乡镇三个量级。我在想我们在实际教学过程当中有没有发现这样的一些情况。

SH1： 我以前上课比较多,听课的时候也只是去听,近期跟学生的互动偏少一些。但你说的这种情况肯定会有。比如说我感觉如果在一些县级中学或普通中学,接受基础教育的学生和老师,他们的思维就比较固化；如果家庭经济条件好的,能够在高中的阶段就给他提供一些好的东西,眼界就相对开阔一些。

吕： 所以说经济也是一个因素。

SH1： 另外他出生的那个城市也很重要,比如说他在上海,而家庭收入一般,跟他在一个县里面而父母可能是个老板,这个也是有差异的。

吕： 我觉得这个有意义,可以作为设计课程时考虑的一个因素。现在你们学院那边的师资团队情况怎么样？

SH1： 我们属于经济相对比较发达的地区,而我们的师资构成从学历上看博士很少,因为现在马克思主义学科的博士就比较少,再加上我们这边资金比较紧张,所以给老师提供外出学习的机会就少一些,所以我们这边呢,还是传统的那种灌输式的课堂教学方法,这个应该也是大部分地方二本院校的一个情况。

吕： 对,这个在某种意义上也是经济基础决定的。

SH1： 对,因为这个,老师也没有办法走出去,也没有什么资金,搞一些特殊的活动。

吕： 那你们学校里师生比例现在是多少?

SH1： 现在我们老师大概26个,学生在2万个左右。

吕： 你们这个比例太高了。

SH1： 我们有些课程由辅导员兼职上,还有其他学院的老师会过来兼课。

吕： 就是纯粹地来讲,专职教师与学生比可能在1∶700这个比例。

SH1： 因为现在存在这样的情况,就是新进教师一定要有博士学位,但全国这方面的博士点很少。

吕： 对,这是一个非常大的问题,全国马克思相关专业的博士很少,来源少,团队建设则很难。

SH1： 人一少,主要精力就放在教学上,没时间去搞科研。

吕： 那你们老师基本都是这样?

SH1： 十之八九都是这样。

吕： 那一个班大概有多少人?

SH1： 人很多,几个班合在一起大概100多人。

吕： 我们现在也基本上是这样,一般一个课堂是120人。

SH1： 我们大概150人。

吕： 备课方面呢? 你们是集体备课还是老师独立完成?

SH1： 基本上是集体备课,各自去讲,然后各自总结优缺点。

吕： 包括各个环节都涉及了吧?

SH1： 对,实际到落实的过程当中,每个老师讲的差异性还是比较大的。

吕： 您上的是原理课?

SH1： 我上的是法律基础,还有近代史纲要。

吕： 你觉得这些课里面有没有特别难讲的环节?

SH1： 主要还是在理论性的内容中加入导向性的思考,并提供一些差异化的表达,包括融入一些热点资讯和一些时尚元素及方法。

吕： 这个也是教学法的一部分。你平时教学的过程当中用哪些方法或者觉得哪些方法比较好用?

SH1： 方法要试验的,不同学生群体、不同内容要用不同的方法。方法也要创新,在不断试验中创新、发展,这就要动力,学校需要给老师们提供动力支撑。

吕： 对,这也涉及老师们的核心诉求。

SH1： 是的,我备一课教一课是这样,我认真创新也是这样,那就没动力了。

吕： 是的,我们这里也是这样,加上学校远离市区,老师花在路上的时间成本很高,所以跟你这个情况基本相当,也没有太多动力去创新。在互动方面呢?你们一般都是提问式的互动?

SH1： 是的,比如说就某个热点问题,或者某节课的某个热点问题,让学生来讨论一下,然后老师来进行引导。

吕： 那这个提问是你点名的吗?

SH1： 比如说先有一个案例让学生来进行讨论,一般来说会有一些比较愿意回答问题的学生,会主动互动,如果没有的话,就是课堂点名,两者相结合。

吕： 除了班额、互动等影响因素外,您觉得还有哪些教学组织形式会影响课堂教学?

SH1： 学生所学专业影响比较大,工科专业与音体美等专业的学习热情是不一样的。学音体美的学生,总体来说性格比较活泼,理工科学生比较严谨,课堂纪律也比较好,文科和经济类学生感觉介于这个两者之间。所以这种专业的差异还是蛮大的。

吕： 关于学生学习效果,你们现在是怎么来评价的?

SH1： 我两三年以前是以考试为主,但是现在有所改革,加了一些实践评价,但是效果还不明显,还有分组考核等等。

吕： 我们学校现在就是考试占一部分,然后课堂表现占一部分。您比较一下已有的考核方法,感觉怎么改革比较好?

SH1： 这个考核是一个比较难的东西,有定性和定量两个部分。我觉得怎么样把定性和定量尽量结合起来,比较难。比如课堂互动,老师讲得很好,学生配合得也很好,但实际有没有入脑入心,这个就很难考核。

吕： 那您觉得总体而言思政课还可以有哪些改进?

SH1： 我觉得这个课相对其他课题来说也有共同之处,我觉得老师讲课不光要有理论深度,把内容呈现出来,还得有差异化的表达,要呼应学生的学习需求,从供给侧改革。这些改革可以和一些技术相融合。

吕： 好,谢谢您。

第二部分
思政课程与课程思政的育人协同

校本资源是思政育人的不竭源泉

一、访谈对象：SC1（马克思主义学院院长）
二、访谈人：吕小亮
三、访谈形式：书面访谈

CDGY是一所××省人民政府举办、省教育厅主管的公办全日制普通本科学校。我校的思政课在多年的教学实践与改革过程中，始终以立德树人为根本任务，充分挖掘学校特有的资源——陈毅精神，不断改革和创新，逐步构建起特色鲜明、与应用型人才培养目标相适应的思政课教学新格局，为培养有现代职业素养、适应地方社会经济发展和行业技术进步的基层应用型工程技术人才提供了思想保证，希望为学生扣好人生的"第一颗扣子"，为学生成长奠定思想之基。

一、建立健全领导体制和工作机制，抓好顶层设计

学校党委、行政部门高度重视思想政治理论课的建设和改革创新工作，坚持把思政课建设作为重大政治任务谋划部署，逐步形成了大思政育人的新格局。

学校成立了由学校党委书记担任组长、党委行政分管领导担任副组长和学校宣传、人事、教务、学生、思政等部门参加的学校思想政治理论课建设领导小组，领导和协调思想政治理论课日常建设和改革、创新工作。相关部门各负其责，相互配合，及时解决工作中各种问题，并逐步形成制度，规范管理。学校党委常委会和校长办公室每年召开专门会议听取思想政治理论课工作汇报，研究部署思想政治理论课建设和改革、创新工作。建立领导听课制度，要求校领导每年

深入教学第一线听课两次以上,并结合国际国内形势和学校的中心工作,定期给全校干部和大学生做形势报告。

二、以增强学生的获得感为重点,坚持"五个结合",深入推进思政课程改革

(一)专兼职教师队伍紧密结合,形成教育合力

一是坚持任教准入制,严把进人质量关,优化和充实思想政治理论课教师队伍。二是按照专兼结合的原则,根据学生人数以及教学任务,合理核定专职教师编制,逐年引入,充实队伍,邀请校外专家学者讲座并聘请如上海市教委副主任、中央电视台、中央人民广播电台特约评论员、中国社会科学院亚太院南亚研究中心主任等为客座教授。三加强专兼职教师管理,通过选送优秀教师参加国家级、省级培训,提升教师素质;采用教师集体备课制度,确保教师授课质量。

学校现有专兼职教师58人,其中高级职称30人,占51.7%;博士2人,占3%,硕士45人,占77.6%。初步形成了一支结构合理、经验丰富、素质较高、相对稳定、数量较为充足的教师队伍。

(二)注重课堂教学与社会实践相结合,努力提高思想政治教育教学质量

学校将实践教学纳入思想政治理论课教学计划,实施"全员实践教学"的新模式。一是注重校内外实践教学基地建设,逐步建立起以校内省级爱国主义教育基地——陈毅纪念园以及校史馆为重点,包括建川博物馆、陈毅元帅故里在内的一批校内外实践教学基地,并积极组织学生参观,使学生见贤思齐。二是注重专题社会实践,强化实践环节。从思政课中拨出2个学分专门用于学生社会实践。目前已经有四个年级的全体本科生顺利完成了在暑期开展的社会实践活动,真正做到了学生全员参与。在此基础之上,经过认真总结,组织编写出版了社会实践学生指导用书,规范了学生社会实践。三是积极探索课堂内实践教学模式。为提升课堂教学效果,各门课程结合本课程特点和学生特点、学习重点和社会热点,探索并实施了微视频、课堂讨论、参观交流、情景创设等教学方法,大大增加了学生的参与度和获得感。

(三)注重理论研究与教学实际相结合,变理论研究成果为教学内容,保证了思想政治教育的创新发展

学校高度重视思政课的理论研究与教学实际相结合,积极鼓励思政课专兼职教师申报各级各类科研项目,认真撰写论文,加强教学及理论研究。近三年

来,思政课教师公开发表论文百余篇,主持各级各类研究课题数十项,出版著作十余部,获得多项科研奖励。专兼职教师队伍通过理论研究与教学实际相结合,增强了自身的教学水平和科研能力,提高了日常的思想政治理论课教学质量。以理论研究为支撑,促进思政课的改革和创新,实现了科研与教学的相互支撑和结合发展,提升了思政课教学科研水平和质量,推动了思想政治教育的创新发展。

(四)注重线上资源与线下教学相结合,努力提高思想政治理论课的说服力和感染力

学校在注重课堂教学的同时,充分发挥互联网的作用,建设了弘毅思政网、思政课微信公众号,省级精品课程和省高等教育质量工程子项目"形势与政策网",创办了"形策论坛微信公众号",使师生突破了时空限制,拓展了思想政治教育资源,实现了线上教育和现实课堂的融合,使师生能多向互动,同频共振。

(五)注重将教材与学校特有的思政教育资源——陈毅精神相结合,形成了用陈毅精神育人的鲜明特色

思政课在严格执行部颁方案、采用国家指定教材的同时,还注重用陈毅精神育人。提炼了陈毅精神,即"追求真理、为党和人民的事业奋斗终身的坚定信念,勇挑重担、努力创造一流成绩的工作精神,勇于解剖自己、真诚对待同志的坦荡胸怀,坚持原则、无私无畏的凛然正气"的精神,并积极探索陈毅精神进课堂的途径。经过多年的探索,逐渐形成了"一门为主,多门渗透"的教学模式,在"形势与政策"课开辟专题集中讲授陈毅精神,并将其打造成了省级精品课程,"思想道德修养与法律基础""中国近现代史纲要"等课程紧紧围绕社会主义核心价值体系进行有机渗透,这样既不改变现有课程体系,又能保证陈毅精神系统而科学地进入课堂。

同时协同宣传部、学工部、团委等部门,全方位、多渠道地传承陈毅精神的红色基因。一是在学校的软硬件建设上都包含了诸多的陈毅元素,逐渐形成了以陈毅精神为核心的校园特色文化。如将陈毅的名字用于命名新校区主要建筑和道路:学校主广场命名为弘毅广场;学校主要教学楼取名"允明楼"("允明"为陈毅读书时用名),并篆刻碑文以作解释;在大学生中组织和开展了以陈毅命名的演讲会、足球杯赛、奖学金等,这都使学生见物思意,提升了自身素养。思政课教学中陈毅精神的讲解,与学校陈毅精神的校园文化,实现了显性课程与隐性教育的一致性。二是打造了陈毅精神的纪念、研究和宣传平台。修建了省爱国主义

教育基地陈毅纪念园,使其成为思政课教学的校内实践基地;成立了省陈毅研究会,教师围绕陈毅精神的研究、陈毅精神与社会主义核心价值体系、陈毅精神与大学生成长成才这三大主题展开工作,撰写了多篇论文,并将研究内容转化为教学内容;开设弘毅思政网,开辟了陈毅专栏,专栏以弘扬"陈毅精神"为主要特色,加强对学生的社会主义核心价值观教育,构建起了具有学校特色的网络思想政治教育体系。三是抓好日常思政教育主阵地,加强对学生进行陈毅精神教育。第一,在新生入学教育中加进陈毅精神教育的内容,使学生进校就受到陈毅精神的教育。第二,在党校党课学习中,融入对陈毅精神的内涵。第三,开展陈毅精神征文活动和陈毅诗词朗诵等活动,以吸引要求进步、积极向上的学生。第四,邀请陈毅元帅的亲属、老红军老战士以及省陈毅研究会的研究人员到学校作专场报告,用陈毅元帅革命的一生来感染学生。第五,利用学校在元帅故乡建立的爱国主义社会实践基地,通过组织广大学生到基地进行社会调查和社会实践,使他们走近陈毅精神。第六,大力开展各种以陈毅命名的学生活动。如学校每年举办的"陈毅杯"足球赛、篮球赛已经成为学生活动的一大盛典;作为学校最高奖学金的陈毅游学奖学金多年来一直是学生心目中至高的荣誉,不断激发着学子积极奋进的激情。陈毅精神在每一位学子身上得以践行和传承。

三、取得的成绩

经过不懈努力,学校思政课教学取得了一定成绩。

在课程建设上:学校"形势与政策"和"毛泽东思想和中国特色社会主义理论体系概论"入选省高校优秀中青年思想政治理论课教师择优资助计划;"形势与政策"作为省高校精品课程,入选省"高等教育质量工程"建设项目。思政部教师的授课获得省高校"两课"教学比赛一等奖等等。学校以陈毅精神育人的校园文化成果获得教育部高校校园文化建设优秀成果二等奖和省高校校园文化建设成果一等奖。《中国社会科学报》就我校"用陈毅精神育人"做了专题报道。学校还积极发挥思政部教师队伍的智库作用,为省、市发展积极提出政策建议。

学生思想道德素质不断提升:一是学生政治思想素质得到提高,愈来愈多的人追求进步。向党组织递交入党申请书的比例和学生党员人数占全校总人数的比例呈上升趋势。二是学生社会责任感增强,并能自觉地把个人的前途和国家的命运结合起来,把个人的价值与为人民服务结合起来。学校学生人人争当志愿者,"三下乡"社会实践曾多次获上级部门表彰。最突出的表现就是在学生中形成了"关键时刻有我在,关键时刻让我上,关键时刻看我干"的作风。三是学生职业道德素养得到明显提升。学校毕业生职业道德素质历年调查结果显示,几乎所有的用人单位都认为学校毕业生综合素质能满足用人单位要求、工作态度良好、忠诚敬业。

教无定法,贵在得法。校思政课教学取得了一些可喜的成绩,但是我们也清醒地认识到,只要时代在发展,社会在前进,学生在进步,思政课的教学改革就"永远在路上"。其实思政课的目的就是要增强对马克思主义、中国特色社会主义的信仰,坚定理想信念,坚定对党和政府的信任,坚定对党和国家未来的信心。所以凡是有利于达成这个目标的方法就是值得探索和尝试的方法。我们也只是做了一些努力,敬请批评指正。

教学方法应该成为改革切入点

一、访谈对象：JX1（副校长）

二、访谈人：吕小亮

三、访谈形式：书面访谈

吕： 您认为高校思政课的基本现状和改革背景是什么？

JX1： 高校肩负着学习、研究、宣传马克思主义，培养中国特色社会主义事业建设者和接班人的重大任务。思想政治理论课是巩固马克思主义在高校意识形态领域指导地位，坚持社会主义办学方向的重要阵地，是全面贯彻落实党的教育方针、培养中国特色社会主义事业建设者和接班人、落实立德树人根本任务的主渠道，是进行社会主义核心价值观教育、帮助大学生树立正确世界观人生观价值观的核心课程。办好思想政治理论课，事关意识形态工作大局，事关中国特色社会主义事业的未来，事关实现中华民族伟大复兴的中国梦，必须始终摆在突出位置，持之以恒，常抓不懈。

当前，世界范围内各种思想文化交流交融交锋更加频繁，如何发挥正能量，增强对重大理论和现实问题的阐释力，在多元中确立主导，给思想政治理论课提出了新的挑战。必须清醒地认识到社会思想意识更加多元多样多变，面对各种思潮和复杂的社会现象，如何运用马克思主义的立场、观点、方法在多样中求得共识，给思想政治理论课提出了新的要求。

思想政治理论课建设自身还存在许多困难和不足：

一是一些地方和高校对思想政治理论课仍然重视不够，政策条件保

障尚未落实到位,思想政治理论课在高校考核评价体系中的地位和作用不够突出;

二是统筹推进教材修订完善、教师队伍建设、教学方法改革的意识不强,思想政治理论课建设体系尚未完全形成;

三是教师队伍建设不适应思想政治理论课改革发展需求,整体素质亟待提升;

四是改革创新的手段不多,制约思想政治理论课针对性实效性的瓶颈亟待突破;

五是有效整合全社会资源的力度不够,思想政治理论课建设全员全方位全过程育人的格局仍需巩固。

习近平总书记在全国高校思想政治工作会议上指出,要用好课堂教学这个主渠道,思想政治理论课要坚持在改进中加强,提升思想政治教育亲和力和针对性,满足学生成长发展需求和期待。这直接为高校思想政治理论课教学质量建设指明了方向,是思想政治理论课教学在改革创新中提升质量的理论指南。为此,我们必须深入贯彻落实习近平总书记重要批示精神,充分认识思想政治理论课建设的重要性、长期性、艰巨性、复杂性,以执着的信念、坚定的信心,攻艰克难,勇于创新,切实把思想政治理论课办好。(摘自中央宣传部、教育部关于印发《普通高校思想政治理论课建设体系创新计划》的通知)

吕：您认为高校思政课改革的突破口在哪里?

JX1：加强和改进思政课教学,涉及方方面面,是一项系统工程,其中教学方法改革是加强和改进高校思政课的切入点和突破口。近几年来,教育部在推进教学方法改革方面颁布一系列重要文件。2011年印发《高等学校思想政治理论课建设标准(暂行)》,2013年印发《普通高等学校思想政治理论课教师队伍培养规划(2013—2017年)》和《高校思想政治理论课教学方法改革项目"择优推广计划"实施方案》,2015年印发《普通高校思想政治理论课建设体系创新计划》,2015年再次印发《高等学校思想政治理论课建设标准》,2017年印发《2017年高校思想政治理论课教学质量年专项工作总体方案》,2018年印发《教育部关于加强新时代高校"形势与政策"课建设的若干意见》和《新时代高校思想政治理论课教学工作基本要求》。

我们认为,高校思政课改革的突破口就是创新教学方法,推进教材话语体系向教学话语体系转变。目前,思想政治理论课程已经有了成熟的教材话语体系,但是教材体系并不是直接等同于教学体系,教材话语并不是直接等同于教学话语,否则就没有教师备课一说了。如今高校青年学生基本上都是"95后"和"00后",他们对于抽象的理论说教、常识的重复翻抄、定论的强制灌输等已产生审美疲劳与抗拒排斥的倾向,如果不能成功地实现教材话语体系向教学话语体系的有效转变,思想政治理论课教学效果必然会受到严重影响,马克思主义理论也难以轻易地被青年学生所接受与掌握。因此,在思想政治理论课的教学实践中,如何实现学科话语、教材话语、理论话语向教学话语、课堂话语、大众话语的有效转变,讲贴近学生实际,讲学生爱听、愿意听、听得懂的话语,不仅是增加"到课率",也是吸引学生眼球增加"抬头率"的需要。

如关于什么是马克思主义。

学科话语:马克思主义是由马克思、恩格斯创立的,其继承者、实践者不断创新的关于人的自由发展与人类解放的科学。从这一学科话语表述来看,具有很强的抽象性、理论性、学术性等特点,学生未必能在课堂上即时地真正理解它和接受它。

教学话语:马克思主义是让老百姓过上好日子、为人民谋幸福的科学。教师在教学实践中通过围绕"好日子"来下功夫、做文章,是教学质量建设的重要抓手。

吕: 如何开展高校思政课评价才更具效力?

JX1: 第一,建立健全教师集体听课评课制度。以课程教研室为单位,每学期组织至少一次集体听课评课活动。听课过程中要认真做好听课记录,听课结束后再组织集体评课,交流经验看法,发现总结新鲜而有效的做法并加以推广。针对存在的不足,要认真分析原因并加以解决。

第二,建立健全学生评教评课制度。除教务处组织的学生网上评课评教外,定期召开思政课学生评教评课座谈会。出席座谈会的为来自全校各个专业的学生代表,代表们根据每学期所开设的思想政治理论课,对教师和课程总体情况进行评论,教研室主任认真听取学生的发言。座谈会结束,就学生反映较为普遍的问题要认真进行梳理并寻求解决之策。

第三,以赛促教提升教师教育教学能力。教学竞赛是综合培养并提升教师的教学能力和专业素养的一种重要方法。教学竞赛既是一次有关教学的比赛，但又不是单纯的比赛。通过参加比赛，使教师经历一次全面完整的教学过程训练，有利于提升教育教学能力，这正是教学竞赛带给我们最宝贵的经验。

吕： 贵校推进思政课教育教学改革的经验、做法和成果如何？（可提供书面材料）

JX1： 我校近年来认真开展教学改革与创新，思政课教育教学在创新突破中得到了发展提升。

  第一，课堂教学在创新中不断加强。

  一是完善了校领导上思想政治理论课和听思想政治理论课制度。校领导每学期都至少上一次并听一次思想政治理论课，强化了思政课教学的高层推动。

  二是基本构建了思想政治理论课、公共选修课程、慕课课程"三位一体"的思想政治理论课程体系。以思想政治理论课四门主干课程为核心，以开设公共选修课的方式加强对四门主干课程的辅修，拓展课程建设"同心圆"结构。

  三是创新大学生思想政治教育课堂教学方法。为提升大学生思想政治教育课堂的"抬头率"，降低大学生思想政治教育课堂的"手机率"，贯彻落实大学生思想政治教育课堂教学的政策性、导向性、实效性与方向性等目标，增强课堂教学的趣味性、生动性与实效性，我院大胆探索课堂教学改革，以"中国近现代史纲要"课程为试点，实行推举"新闻发言人制"的分享式教学，实现了课程历史与现实相结合、问题与讨论相结合、分享与共享相结合，最后通过新闻与评分机制、总结与评比机制对每位学生予以评价，切实增加了思想政治理论课课堂的吸引力，充分展现出思想政治理论课的课堂魅力。

  第二，课外实践体制机制渐趋形成。

  一是构建起思政课教学师生联系机制。实行每一位校领导联系一个学院、每一位学院领导联系一个班级、每一位党员教师联系一个学生，及时了解思想政治理论课教师教学和学生学习的动态情况，实现思想政治理论深入教学情况跟踪、了解的常态化、制度化。

  二是进一步把握实践教学的规律，努力打造"有理、有趣、有用"的实践课程。与学校党委宣传部、学工处、团委等相关部门通力合作，重点打造思想政治理论课第二课堂的"三大类"实践形式。第一大类是调研类。学生结合暑期"三下乡"社会实践等活动，通过深入农村、社区和工矿企业等基层，开展社会调查活动；依托学院建立的校外实践教学基地，定期集中组织学生开展实践活动。第二大类是观读类,指导学生阅读马列主义经典原著、观看经典影视视频、参观当地爱国主义教育基地等,并撰写读书心得、观后感。第三大类是竞赛类,围绕一些特定主题如"我心中的思政课""我眼中的思政课好老师"等开展学生思想政治理论课学习风采展示系列活动,进一步提高了思想政治理论课的教学质量。

第三,教学业绩成果不断提升。

一是思政课教学特色逐步形成。《中国教育报》2017年10月24日第10版对我校思想政治理论课教育教学改革作了专题报道。题目为"以课程平台为抓手助'三大文化'进课堂",集中阐述了我院推进"马列经典文化""优秀传统文化"和"水文化"进课堂的教学特色,在全国产生了一定的影响。

二是教学团队组建日趋合理。依托思想政治理论课四门主干课程,对教研室设置进行了适时调整,基本实现了每位教师的课程归属,有效地提升了教师的向心力和凝聚力,课程教学团队建设明显加强。

三是各级各类教学评比活动取得了优异成绩。自2011年至2017年,我校青年教师在JX省高校青年教师思想政治理论课教学基本功比赛中均取得优异成绩。2011年,荣获本科组二等奖1人次,三等奖2人次;2012年荣获本科组二等奖、三等奖各1人次;2013年荣获本科组一等奖2人次,其中1名教师代表JX省参加"五省区高校思想政治理论课青年教师教学基本功大赛"并荣获三等奖;2014年,荣获本科组一等奖、二等奖各1人次,其中又有1名教师代表JX省参加五省区思政课教学比赛并荣获三等奖;2015年,荣获本科组二等奖、三等奖各1人次;2016年,荣获本科组三等奖2人次;2017年荣获本科组二等奖、三等奖各1人次。在JX省高校首届硕士研究生思想政治理论课教学比赛中荣获一等奖、二等奖各1人次。2014年获得省级教学成果奖二等奖1项。在2016年全省高校思想政治理论课优秀教案评比中,荣获本科组二等奖1人次、三等奖2人次的成绩。此外,在校级各类比赛和评比中,我院青年教师也取得了优异的成绩,荣获过"青年教学之星"(2人次)、"教学标兵"(2人次)、"十佳青年教师"(4人次)、"优秀教研室"(2个)等荣誉称号。在学校组织的青年教师讲课比赛、教案比赛、实践教学竞赛等教学比赛中均取得了优良成绩。在2017年"赤子初心"首届全国高校思想政治理论课学生艺术作品巡展活动中,我校推荐的艺术作品"丝路之忆"获得二等奖。

人总是要有一个信仰的

一、访谈对象：SD2（副教授）

二、访谈人：吕小亮

三、访谈形式：当面访谈

吕：　我们就课程评价、思政课的改革，交流一下。

SD2：行。

吕：　我们一个问题一个问题谈。

SD2：好的。

吕：　第一个问题，就是对思政课的最深的感触是什么？

SD2：感受就是，对于思政课老师来说，还是挺有压力的，压力就是上面赋予你的职责太重了。思政课是主渠道，但是这个主渠道怎么能够实现，对于每个老师来说，讲课的话不能这么空洞，要有很多例子在里面。思政课老师怎么把位置摆正，我觉得这也是一个问题。在摆正位置的过程中，才能正确地开讲。对于学生来说，从课程设计而言，首先就是功能，要合理地定义，这个是很重要的，不要夸大，也不要太少。所以我说，这个思政课，上面非常重视，但对很多老师来说，有时候深感自己责任重，但是还是有无力的感觉。还有一个就是上课，老师和学生之间的沟通、之间的关系，特别是老师的亲和力特别重要。这个思政课，需要老师和学生交朋友，然后学生就觉得这个老师像哥哥一样，对吧？

吕：　对的。

SD2： 然后就是有一些问题，需要从大角度来讲，弘扬正能量，特别是许多学生，能够提出问题，这类学生，老师一定要和他谈心。现在上课，学生就问，上这堂课有什么意义啊？我就说，怎么没有意义呢？然后我就给他举个例子，然后他就说是是是、对对对。老师在思政课上需要扮演什么角色呢，第一个就是传道，然后是感情交流，像我这个年龄吧，学生在我的眼里就是孩子，我自己也有孩子，对吧。对他们来说，你对他好，他也是有感情的。

吕： 在这个互动中，学生也是能感受到你对他的好的，能感受到你对他的关注。

SD2： 对，所以说这是一个。另外一个就是你上课时候讲的，学生比较认可，在这个过程中，你讲起来，他们就比较容易接受。还有一个就是马克思主义原理方面的，你凭什么怀疑它呀，是吧？你不相信马克思主义，你相信什么呢？还有就是其他人的理论，对世界的影响更大吗？这个就是比较，然后就会有学生问，老师啊，你信马克思主义吗？我说我信啊。你真的信吗？我说我信啊。大家想想，一个人总要有一个信仰的，这个还是非常了不起。

吕： 你的方法，你的经验，有没有什么模式化的、案例化的学习方法？就是你在日常上课中用得比较好的一些成果性的东西，能不能给我讲一下？

SD2： 这个没有，真没有，我只有上午展示的那个表格。

吕： 这个可以分享给我一下吗？

SD2： 可以的，待会我发给你，这个是可以看出来学生是否准备得认真，挺好的。

吕： 你现在上课的过程中，有没有什么感触，课上的也好，课下的也好，思政课方面的，尤其是课堂里面的。

SD2： 我觉得啊，现在思政课存在的问题，就是考核问题。每个学校都有一个过程考核，从某种程度上来说，就是给学生减负，但是也是放松了对这门课的重视。对学生来说，什么是重要的，分数是重要的，对吧？但现在好多都是过程考核了，所以上课他们应付就行了，不用记住，这个就是现在的情况。比如说，我们为什么要采用闭卷考试呢？现在一上网，什么东西都可以查到。我问你马克思主义的基本原理是什么，科学发展观是什么，中国共产党是什么时候成立的，都可以查到。但上网查的东西，和你自己背过的不一样吧。所以现在我觉得，所有的思政课，原则上都应该重视，就从这一点上，考试是肯定需要的，所以我在课上做过一个实验，我问大家知不知道最近提出的某项改革，大家都说不知道，好，不知道，咱们拿出手机来，我给你10分钟的时间，大家把这个改革内容上网查出来，10分钟以后，我们放下手机，用自己的语言，说一说这项改革。然后就问学生这个过程对你有什么启示，启示就是，网上的东西，永远是别人的，不是你自己的，你怎么把它变成你自己的，这个只有你自己去思考去理解才行。那什么是理解呢，记忆才是理解啊。所以我觉得我们不能让学生自我放松，要提高学习要求。

吕： 对的，这个就内化到记忆里了，这样才能成为记忆中的一部分。

SD2： 对的，这就像一个人的气质一样，一个人的气质肯定是自己练就出来的，是自己慢慢养出来的。

吕： 你们学校里面有没有教学团队呢？

SD2： 有的，我们有研究生团队，是一个系一个系的教学团队。

吕： 是由研究生组成的吗？

SD2： 是的。

吕： 那对整个课程的教学设计呢？

SD2： 在教学方面，严格按照48课时。我们现在采用建设一个团队，完成一项教学任务的模式，特别好用的。

吕： 那互动的情况多吗？除了这个之外，有没有其他的互动？

SD2： 主要是约谈，有时间的话我们就可以一起聊一聊。

吕： 是微信上先约，然后大家都有时间就一起谈一谈，是吧？

SD2： 对的，其实你约上的学生，他就把你当成朋友了呀。

吕： 那这种方式经常用吗？

SD2： 这个不少的。

吕： 那约谈一般是在哪里呢？办公室吗？还有就是我们老师走进学生寝室的情况多不多啊？

SD2： 这个从来没有，不会走进寝室的。

吕： 好的。

SD2： 我一般的话就是在办公室，或者就是一边走路，一边散步，辅导员有时会进寝室，老师一般不会去的。

吕： 那教学评价呢？

SD2： 主要是学生对老师的。

吕： 那同行评价有吗？还是有其他的？

SD2： 没有,都是学生对老师评价,就是网上打分,同行评价怎么评呀？太难了。又不去听课什么的,说起来是好说,但是操作起来,还是太难了。

吕： 好的,谢谢。

想方设法提高课堂注意力

一、访谈对象：TJ1、TJ2、TJ3 等讲师

二、访谈人：吕小亮

三、访谈形式：当面访谈

吕： 欢迎你们到学校里面来开会。正好借这个会议平台跟大家一起沟通学习一下，一起聊聊，大家都是做这方面工作的。我原来任校团委书记，以前做第二课堂的比较多，现在想往第一课堂这边转。我们经常讲第一课堂存在这样那样的问题，但是到底是什么问题，没有多少人能讲得很清楚。所以我就在想是否能通过访谈或者问卷了解一下情况。在思政课教学方面，我们遇到的最大问题或者自己感受最深刻的是哪些方面？

TJ2： 就目前来讲，我个人感觉，就是怎么去讲一些高大上的问题，比方说权力要为人民服务这些东西，很难讲得好。还有一个就是在一个学期的教学过程中，你很难长时间地吸引学生。

吕： 就是很难长时间保持这种吸引力和亢奋状态。

TJ2： 一节课内，学生的思路可能前 20 分钟会跟着你走，但是听着听着就走神了。

吕： 对，是的。

TJ1： 思政课教师，只要一线的教师基本上都有这个问题，重视度是没有问题的。但是还有一个学生能不能理解和接受的问题，这个也是很难的。你跟学生谈这个东西，他们就觉得是不是要让他接受什么思想政治教育之类的。学

生接受起来特别困难,然后就延伸出老师的问题,老师也是有问题的。刚才那位老师讲的是老师不仅要懂理论性的东西,还要懂国内外的、不同学科的知识,他要懂很多很多东西,每个方面都要成为专家。所以说这个对于老师来说,难度就非常大。我觉得学生是一方面,老师更是一方面,他必须有更多的知识储备,而且还必须跟上潮流。比如我前段时间一直在听一个老师的讲座,就是考研的讲座,这位老师他在考研培训方面的工作做得不错,特别是思政课这一块。听他的课的时候,我就从他所讲的课里找出些好问题,这些我们课堂上都是要讲的,比如说关于历史方面的一些问题,还有就是辩证法方面的一些问题,他都阐述了,他的讲课方向与思路跟我们讲得完全不一样。而且这时候学生是有目的性、有针对性地去听的。所以说教学方法上是不是也存在问题?所以应该说有三个方面:一是学生的问题,学生对思政课不感兴趣;二是老师知识储备的问题;三是教学方法问题,我觉得这三个方面是我感受最深的。

吕: 好!

TJ3: 我是教"毛泽东思想和中国特色社会主义理论体系概论"的,我最大的感受就是我们现在基础理论研究严重滞后,就是我们讲的一些理论,尤其是在中国特色社会主义理论方面,目前的东西都属于策略层面与操作层面的。但是比如像今天上午有位老师提到的一个问题,就是你要让学生树立共产主义信仰,你就得说明共产主义替代社会主义的必然性表现在什么地方。马克思当年是在他所处的那个时代条件下讲唯物史观、讲剩余价值理论,现在时代变了,我觉得咱们的基础理论研究远远地滞后于中国发展,有些问题你真的很难解释。又比如,新时代下,社会主义替代资本主义的必然性表现在什么地方?这些理论知识你需要重新确认。任何一个人都有时代局限性,我觉得马克思有时代局限性,咱们别把马克思变成上帝。如果把马克思变成上帝了,科技就发展不下去了,但是现在我觉得我们在技术理论研究方面的很多东西,没有人从基础理论层面去发展,就像当年马克思说的一样,研究那么多东西,最后他让人接受这个东西他很幸福,他读了之后,觉得你这个东西是对的。我们现在的课程尤其是后半部分,我觉得它的重点都是操作性的东西,而操作性的东西,更多的是你应该告诉一个领导干部怎么样去了解"四个全面",怎么样去科学发展,怎么样去建设"五位一体",我觉得你让学生去感知这些,跟他们的生活离得太远。我们今天讲的是对分课堂、讲的是操作，我觉得操作很重要，但是操作解决不了个人基础理论的问题，就是对社会主义必然性的重新确认问题，你只有把这个问题弄明白了，你再讲策略，再讲"四个自信"才有底气。

吕： 那你们在实际教学过程中对这种有效的操作比较有感受的是哪些方面？

TJ3： 我上课的时候，会讲马克思所处的时代，讲他的成就，讲时代给马克思呈现一个什么样的认识对象，它的局限性在什么地方。今天我们需要在哪些方面去发展。我觉得马克思也是一个活生生的人，是有七情六欲的人，给学生讲课时你得把马克思的经历以及他的理论体系，包括马克思跟别人通信时说他看到经济危机呈现出来一些特性跟自己研究的不一样、自己需要重新做这个工作的这些有待于发展的东西告诉学生，学生可能更感兴趣，因为他们会觉得这个东西并不是宗教的教义，它是一个很现实的东西。

吕： 就是把它变成一个生活化或者是立体化的对象，然后学生可能更加觉得亲切一点，对吧？

TJ3： 对，这样比较直观。

TJ1： 我认为方法就是在课堂上，我也一直在寻找和尝试。包括对分课堂，我们在教学过程中也在用，但是有点小区别，所以这次我们三个都来了。我们当时是接触了几个平台，用得最熟的最多的应该是那个麦克斯，不知道咱们学校是否有麦克斯，有没有做总成。从理论来说，很多学生，包括我们自己的注意力一般就15分钟左右，如何在这有限的45分钟的课堂里边，让这些学生注意力能够集中起来是很难的，特别困难，所以就出现了我们上次说的那种在教学过程中睡觉的、玩手机的学生，主要是他没有兴趣。那么如何调动学生的兴趣？我们想了很多方法，我觉得咱们今天可能也是这个样子。课堂上我们每次讲述的过程是5分钟到10分钟，然后是一个互动的环节，5分钟的时间有一个互动环节，当然这个互动不是说平白无故地就出来这么一个场景，而是跟教学内容相关的。比如我们把这个课程设置在讲唯物论的时候，里边涉及物质和意识的关系问题，在讲完这个知识点之后，随即就调动学生进入讨论环节。这时就用到麦克斯平台，我不是在推广这个东西，但它真的有很多功能，比如说点名啊抽签啊，还有就是这个课堂上问答题，设置一下，它都能用于互动。而且所有学生做的这些题，多少答对，多少答错，它都能够直观地给你分出一个比例来，当然有匿名和非匿名的方式，所以通过这种方式，我就让这个课堂活跃起来，这是我们现在采用的一些方法。

TJ2：在我的教学当中感觉相对好一点。第一个就是每个老师当然得有自己的特色，但是你在上课表达的过程当中，一定要注意学生接受的程度，你怎么样表达出来，学生更容易感兴趣、更容易听得进去。第二个就是你要更多的关注年轻学生的兴趣点，包括网络上的一些东西，他们感觉有兴趣的东西是什么。即便只是一个引子，但引子引出来之后就可能引起他们的兴趣，然后再展开你所要表达的教学，效果可能更好。

吕：就是把兴趣点和上课结合在一起，现在我们上课都会遇到一些问题，比如"低头族"，随便你怎么讲他就这样。除了这些我们想了解的情况，再说说其他的，比如说上课或者还有哪些问题觉得很棘手的、需要解决的。

TJ1：学生上课低头玩手机或者睡觉这个是通病，很多老师都会遇到这种情况。还有一种情况是最可怕的，就是他两眼直勾勾地看着，但实际情况是他根本就没有思考，他根本就没有听进去。就是我们今天上午老师讲的那个，他在假装听课，这种假装，是最可怕的。我们如何能够把这些假装的人、睡觉的人叫醒，我觉得是最困难的。这种学生也很乖，但是脑子里都没有听进去，没有去思考。我觉得这个对我来说是一个非常大的挑战，假装听课，你就没办法。甚至你把他叫起来，然后回答问题，他就说老师我不会，那没办法，他就是不会。

吕：这确实挺困难的。

TJ3：像"思修""原理"这些课，我觉得应该跟人生的意义和价值是连在一起的，我们应该研究怎么去调动学生的课堂兴趣。我觉得，我自己教的课政治性非常强，我很实际，你得承认，我不可能让每个人都对政治产生热情和兴趣。我觉得通过上这门课，让每个学生都能对自己的人生定位和价值有了一个明晰的目标，尽可能让学生真正对这门课产生兴趣。我觉得对我这门课程来讲，我们应该现实地去看待上课睡觉等问题。有些老师看到有学生睡觉就觉得"啊，我是不是……我要让他对我这门课……"我觉得没有必要。我觉得学生个体的差异性非常明显，你不可能强制性地去让他对这个东西产生兴趣，我觉得没有必要也没有可能。

吕：这个观点我很认可。有人也说他们都要全覆盖，但实际上任何东西都有一个"二八定律"的，他跟着你走的，或者是对这个东西非常感兴趣的，在任何一个领域里面可能都只有20%，比如说喜欢看我们演出的只有20%，喜欢坐在课堂里面听课的、喜欢搞社团的这种可能有20%，但是你可能通过一次互动去拽另外的20%，再通过另外一次互动去拽另外的20%，这样比例就会逐渐提高。但你想通过一次互动就把所有的人都拽进去太难了。因为每个人的兴趣点不一样，对吧？所以我觉得这个说得特别好。那TJ2老师这边有没有补充？

TJ2：我的感觉与他们差不多，不可能所有的人都听得进去、接受得了。而且我个人感觉，目前来说思政课有将近一半的人真正地在听你讲课，就算不错的了。那些说我自己的课讲得特别好，90%多的学生都听得特别专注，我觉得是不太可能的。

吕：可能一门课或者一节课可以做到，像64个课时或32个课时全部是这样的就很难。你们三位都是来自一个地方，就像这种团队化的组建，不管是教学还是科研，有没有比较好的做法？

TJ1：您发给我提纲的时候，我就在想这个问题。我觉得我们的团队建设很一般，这是我们最迫切需要解决的一个问题。

TJ3：本身学校这方面也存在很大的短板，历史欠账太多。

吕：具体表现在……

TJ3：我们团队非常缺人，是最近才开始放宽政策的。

吕：你们学校有多少学生？有多少思政老师？

TJ3：16 000～17 000个学生，24个老师。

吕：这不是很多啊，教授副教授等高级职称教师有多少？

TJ1：教授1个，副教授10个左右吧，剩下的都是讲师。

TJ2：副教授有很多，是从别的学校调来的，或者说是人才引进安置的。

TJ1：从很多学校领导的角度来看思政课，认为这是最好讲的一门课，所以会把很多不专业的人都派到这边来。

吕：我前期采访过一些校长和教务处处长、马院院长，这个问题其实是全国性的。为什么这样讲？就是我刚才问你们师生比，现在教育部要求300∶1，这个比例是必须达到的。我在和一些校领导交流的时候，第一个问的就是教师数量，第二个就是教师结构。刚说到你们总共24个，其实从这个结构上来讲，也不是很均衡的，教授很少，某种意义上讲科研和团队这块也没有领头人的。第三个问他们的就是专业化程度，一些学校也反映出我们刚才讲的很多历史性问题，或者说是遗留问题。而年轻教师呢，也会发生一些小问题，他们课堂经验比较缺乏，对吧？还有一个很大的问题，就是你想招博士毕业的年轻教师也很难,因为全国范围内有思政学科博士点的高校也不多,这是第一个。第二个,有思政学科博士点的高校,能出来的人数也不够。因为全部高校都在加强这方面建设。本来就大空缺,500∶1 到 800∶1 都有,你们学校 16 000∶24 已经算比较不错。我们是 30 个,13 000∶30 的比例,比你们要稍微好一点,但是依然不够。所以这个师资力量、师资结构、教师队伍水平、专业程度都是有问题的。我们团队建设问题是普遍性的。那么在教学设计这一块,你们有没有什么心得?

TJ1: 因为现在学生手机放不下,上课时教师也不可能要求他们把手机给我放前面来。即使可以这样的话,他们也会偷偷摸摸去做其他一些小动作,所以加强疏导可能会更好一点。其实今天上午在听咱这个对分课堂的时候,我就跟 Z 老师在讨论,我把在课堂上要讲的东西,分块成 15 分钟的注意力,分节分块地在课堂上试试,看到底是什么样子。之前就是用麦克斯这种小程序,跟 Z 老师探讨过抽签互动这种方式,目的就是让学生活跃起来。

吕: 其他人有没有好的办法,就是在课堂里面的互动,比如说今天讲的对分课堂其实也是一种互动,老师主讲部分,然后大家一起讨论,像刚才那位老师说的,5~10 分钟提一个问题,对吧?这也是一种。那除了这些之外,其他方面还有没有比较好的选择?

TJ1: 我觉得我们学校思政课教学这一块,基本上保证都有一个课前的分享。这个分享当然是跟专业相关的,或者是跟社会热点相关联的。比如就是前段时间的热点案例,马上就会转移到课堂上大家一起讨论。再往前,比如山东的事故案例,也会让学生去讨论,这个可以抽出 3~5 分钟的时间来提前准备,然后让他们自己对这个问题提出一些看法。因为我的总体思路是不给他们灌输什么政治上的东西,而是把这些内容转换成自己如何去分析问题。我课前的小分享,从学生的反馈来看,他们是非常喜欢的。

吕: 其实这个分享就是链接一些时事的热点,这个案例本身就是很吸引人的,然后再拿出来讨论,对吧?

TJ1: 对。然后还有就是我们做的,我不知道其他高校有没有,我们现在基本上是每门思修课、原理课还有概论课,每个学期学习结束的时候都有一个实践环节,这个实践完全就是学生自主发挥,他们从材料组织到领导能力的发挥。

吕: 这个实践大概占几个课时?

TJ1：两个到四个。那个基本上我是提前三周或四周时间来让学生们准备,他们弄得是非常不错的,他们自己都会千方百计去想。比如诗朗诵、小品,然后自己去组织。他们都会做,完全就是自己的一个课堂。四个课时就做这些事情。我们还会设置一些主持人,让他们控制自己的舞台。实践课是我们一直坚持的一个项目,一直在坚持着。这样课堂活跃度就立马提升了,老师就在一边看着。

吕：这样的话其实在四个课时里面的互动程度是非常高的。

TJ1：相当高,都是他们自己来。而且班级的凝聚力也大大提高。平常在咱们课堂上那些不起眼的学生,甚至调皮捣蛋的学生,他们都会有所展现。我记得特别清楚,那些在课上从来人都不怎么积极的,在实践课的时候,他就表现得很积极。我看到我们班长,挑了一个类似样板戏的那种表演,然后他就说他想挑战一下,想通过街舞的形式转化出来。感觉很新颖,然后大家就发现这也是个人才。学生自己也从这个课堂里慢慢转化出来了:原来我在老师和同学的眼里,还是有一个位置的。他就会产生自信。这个也是人尽其才,每个人的才能都发挥出来,在这样的平台上,可能他开始不一定认真,但是越到后面就越进入状态。那些原来在课堂上调皮捣蛋的学生,也会跟着老师讨论。比如刚一上课,他就提出很多问题做出很多范例来问老师好不好。在这种情况下,通过老师的引导,让这个学生觉得自己这么有才,应该在老师面前表现得好一点。在课堂互动环节,他也会举手,就慢慢地在改变。思政课本来就是育人的,对吧?

吕：这个很特别,有所不同啊。那么课外的,像我们老师跟学生在课外的互动多吗?或者说有哪些路径啊什么的。

TJ1：我说我自己,在我的手机里边,有一个 QQ 群,还有一个微信群。有时候我觉得年轻老师普遍存在这种情况,他们在课下花的功夫特别多,他们会跟这些学生互动,比如在一个微信群里边。从我入职到现在,我建了有二三十个群,每个群里边都有上百个学生,那里会有很多问题涌现出来。所以思政课老师在课下其实做了很多工作,包括心理辅导和就业辅导,还有关于兼职的,甚至还有关于恋爱的,很多都被转化到课外来,就是互动跟沟通。其实就像刚才咱们老师说的,思政课老师,他是一个万金油,什么问题都能解决。

吕：对。而且课外的精力占了不少,只要他肯投入的话。学生有任何问题都会发给你是吧?

TJ1: 学生一般不会分时间、场合、地点,想到了就提问,作为老师,你还是思政老师,得理解他或者对他负责,我在这种情况下就会千方百计去解答。

吕: 其实我们从这个角度来讲,思政课课外的互动还是蛮丰富的。那有没有比如说老师进学生寝室或者学生主动到办公室找老师的情况?

TJ3: 这个一般没有。

TJ3: 我这个人跟现代化比较脱节,不用QQ、微信,我以前根本不用,现在不用不行了,我跟学生说,要有事就打电话发短信,因为我觉得我不想受到信息轰炸,你要是真有什么理论上的问题,你可以找我,对他们的一些生活方面的事情我关心得比较少,因为我觉得我没有那么多精力。

吕: 这是现在这个社会很正常的一个反映。

TJ1: 我们做了一个"心灵之约",这个系统就是每个学期都给我们24个老师排班。每个周四、周五,一下午的时间,如果学生有什么问题的话,也就是学生有什么心理状况或困惑的,可以找老师聊聊。这是我们专业老师负责的。

TJ3: 它有点像咱们的学校心理健康工作室,就是心理项目比较专业,而我们这一块更生活化一点。

TJ1: 这个是老师们默默付出的。

吕: 我觉得心理咨询室应该是全国高校都必须建的,但是马院建"心灵之约"这种平台倒很少。我们上海有个绩效坐班制度,有点类似你们这个,但是会有一点不一样,它是要求所有老师必须有一天的时间是专门对学生进行答疑的。这一天的时间里面,教授和副教授、讲师的工作量是不一样的。比如说讲师,他们有两到三个晚上必须留在学校里面的。一开始反弹非常大,就是你必须留在学校里面,还必须是晚上。不管是在教室里面,还是在自己的办公室,你必须要在校,所以这个难度非常大。这两年来到现在这个接受度才稍微高一点,因为随着这个习惯养成之后,老师也适应了,学生也慢慢知道有一个老师留在学校,晚上教室里面都有老师,然后有问题就去问了。以前刚开始的时候学生也不来,老师也觉得很无聊。

TJ3: 我们是要求老师去教室里的。

吕: 你们在课程评价这一块有没有什么比较好的做法?

TJ1: 这块最主要的一个是教师互评,还有就是学生评价,基本上以学生评价为主。

TJ3：所以我们最终给出的评价就是学生评价。

TJ2：你这门课上完之后，学生有一个最终评价，这个是必须要有的。

吕：那这个评价其实从某种意义上说就是这个老师的教学方法怎么样？学生的收获怎么样？

TJ1：这个还有一些细化的原则。

吕：其实这个课程评价是所有的课程都一样的，每门课有时都是这几个问题，对吧？那这个评价从某种意义上讲是没有太大意义的。

TJ2：你会看到里边有很多的项，每项得到多少分。

吕：但是我看不到具体的，比如说哪个点他讲得好不好。

TJ2：评价里边有很多项，每一项的分数都是能看到的，比如教学方法多少分，内容设计多少分。

吕：那大概有多少项？

TJ1：15个到20个，挺多的。

TJ3：现在好像普遍都是这样操作的，而这里面有什么问题呢？就是评价是在网络系统上做的，很多班级为了考试就由班长一个人代行，把大家的学号密码收集到一起，一个人把这个事情做了，所以这个东西我觉得很不科学。

TJ1：还有就是我们教师之间互评，我觉得这个没有多大的价值，应该取消。

TJ2：教师互评的问题就在于他只是听了你的某一节课，比方说只听了45分钟课，但却要对整个学期做一个评价。

TJ1：而且还涉及一个问题，比如说我要听吕老师的课，你是我的领导，即使课很一般也很难给低分。

吕：就是有人为因素、情感因素在里边，这个就很难做到客观公正。

TJ1：反正我觉得这种评价还是学生的比较可靠，当然肯定也有像TJ3说的那种情况。

吕：但那个不是普遍的。

TJ1：吕老师，咱们这块这个评价怎么弄？

吕：我们其实也是这样的。就是我可能后面要请各位帮忙，就是我这边设计了一个问卷，相对来说这个针对性更强一点，就是针对思政课的问卷。

TJ1：是您自己设计的还是学校设计的？

吕：我自己设计的。我这个课题呢，先是访谈校领导，然后是院、教务处和质量办三个部门的负责人,再加上我们老师,问卷是针对学生的。我现在选了五十几所高校,每所高校发几百份问卷,这个问卷设计成答题卡,学生只要用笔画一下。我统计的时候直接把答题卡上的数据读一下。我列了跟思政课有关的大概30个问题,前面是针对每门课的,比如说像原理课,它的总体感受度,后面是教学方法的运行,包括学生评价、成绩判定等等这样的东西。在做一个大数据分析之后,就可以看到学生对这些课的感觉,归纳出哪些方面存在问题。我也做了一些分布,就是像分为东部、西部、中部这类大区域的分布,然后是985、211的一流学科,一流本科,艺术学科的本科那种,再加上民办院校,等等。反正有一定的量,有一定的量之后就能用数据说话了。

TJ3: 就是用软件处理。

吕: 后面的这个数据分析结果,可以大家分享,后面我都会做编码处理。

TJ3: 这是一个定量的分析。

吕: 我这个纯粹是对课程的认识,就只是想发现课程实施过程当中的一些问题,然后确定这些问题,通过问卷和访谈来确定,确定问题之后再去找方向。现在各地都在做思政课的改革,是吧?比如说上海搞课程思政,HN也在搞,那这些做法到底在某种意义上的成效怎么样,可能通过数据分析能够看到。然后再通过已经在做的一些方案,会让我们找到一些问题的解决方案,最后合在一起做一个综合性的改革方案,一个实践性和理性的结合。基本上是这样一个想法。

TJ2: 挺好的。

吕: 谢谢你们的支持,今天我们就聊这些。谢谢大家。

让学生们在课堂竞争中成长

一、访谈对象：HN3（教授）

二、访谈人：吕小亮

三、访谈形式：当面访谈

吕：　HN3 教授您好，想就这些问题当面向您请教下。

HN3：这个题目还是蛮有深度的，我初步学习了一下，有些问题估计我都不太好回答，因为没感触嘛。我正准备收集相关的材料来做支撑，但是还没到收集的这个环节。

吕：　您一直在一线上课，您的教学经验很丰富，您能否给我们谈谈您的感受，就是整个课程当中有什么问题？包括老师这一块、学生这一块，然后您自己是怎样去处理和应对的？后面您又是从哪个方向去改进或者推进的？我主要想了解这样一些内容。

HN3：这些问题其实是涵盖了你之前跟我说的基本的设计思路。我刚才说了，一个是基于我的经历，你看到我的经历了吧，我的经历也很曲折。我原来在学工部那里待过，然后再学外语，因为学工部管宿舍，忙的时候我连课都放弃了。2017 年才重新回到法学院，再到教学部门。所以你刚刚提的这些呢，其实有几个层面，一个层面就是教师，另一个是学生这个层面，还有一个中间过程，包括我个人的体验和从管理的角度看待这个情况。实际上这里包含很多思想，一个是从管理者这个角度去看的，一个是作为亲身体验去实践和探索的。还有就是老师的层面也存在两个方面的问题，有两个视角,有学校的差异性还有地域的差异性,因为我感觉像你们这些在上海的学校,可能某些层面上的动态你们可以最先感受到,所以在这个方面,你们的理念更能够优先于我们内陆的高校,先一步去接受和实施、去实践。而我们这里就慢一些。教师的因素也很重要。我接触对分课堂后,感觉很有用,然后向领导汇报,他们不置可否,我就先自己去实践。从这个角度讲,理念的更新和接受需要一个过程,有地域因素、有年龄因素、有思维方式等因素,再加上班额太大。因为我们一个年级本科学生有8 000多人,我们每门课的老师教学任务都排得满满的,而且老师不能够生病,生病了没有人代课。因为这个客观的因素,老师就没时间和精力去进一步投入,再加上年龄因素、观念因素,等等,所以说这不仅仅是老师个人的问题,还涉及顶层设计。

吕: 学校现在实际的师生比例大概多少?您说一个年级有8 000多人。

HN3: 我说的这个数还不包括研究生和留学生。怎么安排老师开课,我面临的最大的困境就是这个,推行兴趣化的课就很麻烦。教学安排的问题我排不下去,就到处找兼职老师。

吕: 那您刚刚讲的8 000人一个年级,您那边有多少老师?

HN3: 我们有五门课程,包括形势与政策,两节连开。大一、大二是面授课,还有大三大四。在这样的情况下,可能平时更多地依托各个教研室的老师,还有各个学院的兼职老师,由兼职老师来补充政治课老师的不足,其他的课呢就是以专职老师为主。教材更改了以后,课题又增加了,这个矛盾就更突出了。

吕: 对。

HN3: 去年就碰到原理课没老师开课,今年是基础课没老师开课。只能到处找老师,找合适的老师,你还要把这个课程上下去嘛。我们现在不求质量,能把这课上下去就行,已经到了这种地步。当然这是个案,所以相对来说,你们学校的环境好多了,你看从校领导到院领导再到你们课程的负责人,再像你们这样的作为第二课堂的负责人,上头支持,也不会缺老师。那么学生这个层面呢,相对而言,他们因为受环境的影响,可能对信息的掌握与了解是非常快的。还有一个呢,就是他们从小到大的这种教育经历,使得他们比较"宅",他们接触信息的面也就比较窄。说这话是因为我自己感受到了,我今年上了大一的纲要课,在上课的过程中,其实我很注重对他们的思维引领,还包括对他们的一些实践能力的培养。但是我感到实践能力他们还是有一些的。这种实践包括课堂中的互动问答和对分,包括Z老师这种在课堂教学方面的改革创新还是有效的,跟传统的满堂灌的效果截然不同,就是感觉不一样,肯定不一样。因为学生们的注意力,是基于这个时代背景、这种信息化大环境的,他们成长在这种背景下,但他们实际的注意力的集中度到底有多少,这个我没有统计、没有调查过。其实这个我确实也挺想去探究的,所以以后你的项目成果出来了,我还希望你能分享,我也学习一下。然后学生这一块从他们的行为习惯、思维习惯到他们的具体表达习惯,可能从某些层面来讲确确实实还挺有他们的特点。

吕： 在上课过程当中有没有说比较有代表性的例子啊什么的?

HN3： 你是指哪些方面?

吕： 或者说是用哪种方式,学生互动性就比较强。

HN3： 说到对分课堂,跟之前的传统的教学方法肯定是有差别的,我也做了一下了解,分析学生们的意见和看法,我感觉到学生们更喜欢当场讨论。所以我刚刚跟Z老师也在聊这个话题,因为我们学校是工科为主,人文学科专业团队跟我们不一样。在课堂效果方面,我很明显地可以感受到学生思维的变化。从开学的时候实施到现在也有11周了,在第一周中有一个学生他发言的时候很困难,但现在的表达明显与当时的表达能力就不一样了。现在他能够思考,因为我不做灌输,引导他们自己去思考,才能够触动他们对接。这个变化过程我感觉到了,学生们思考问题的时候明显地由浅到深了。

吕： 这个由浅到深,已经初步建构起来了。

HN3： 也不是完全建构起来,至少说有一个明显的变化,是吧?那我们今天先这样。

吕： 好,谢谢您。

专业认证需要思政课的支撑

一、访谈对象：ZJ2（发展规划处处长）

二、访谈人：吕小亮

三、访谈形式：当面访谈

吕： ZJ2老师，您好！我现在在做高校思政课改革方面的研究，想约访一些学校领导，包括马院、教务处、规划处，还有质量办的一些领导，因为我是从评价视角来做的，想了解一些这边的情况，请你们给予指导。我大概列了一个提纲，您看一下。

ZJ2： 其实作为思政课评价，就我们学校来说，包括在做专业认证过程中，我发现专业认证的12条工程教育专业认证中5条是跟专业相关的，另外7条基本上都是专业外的一些基本技术能力或者一个通识的制度支持。所以从这个方面来说，以前我们思政课还是太局限了，我们在做毕业达成度评价的过程中，很多知识能力其实都依靠我们思政课，甚至是思政课扩展的一些内容，比如说第二课堂等，用这些来支撑他们的能力达成。这些能力达成包括很多活动，各个学校都在组织学生积极开展，其实这个是我们教学环节的一部分，是很重要的一部分。我认为在教学过程中，学生跟教学是两条线，学工条线和教学线，是吧？其实这个是在一起的，国外是没有学工这个概念的，只说学生培养。现在我觉得有个什么问题呢？就是我们没有把学工的这条线上所开展的一些活动纳入我们学生培养的体系，就是没有纳入我们人才培养方案里面。人才培养方案里的第二课堂、第三课堂,有的有学生去参加,有的没有学生去参加,就没有要求。有的学生什么都没做也毕业了。我们的想法就是要把学生参加第二课堂、第三课堂也作为学分的一部分,也作为一个培养的方案固定下来。比如说我要参加社会实践,我要达到什么目标,培养什么行为。所以我觉得我们思政课要另外扩展一些第二课堂,包括学生的一些活动,这些其实是思政课很重要的一个补充内容,要把这些内容纳入我们的课程体系,纳入人才培养方案,要有最基本的教学目标,要有个教学方式方法,要有考核标准。把这些纳入进来后,其实我们有很多活动都是目的性比较强的。所以我也是从专业认证的角度(因为专业认证也在我这里)分析,发现这里面有很多活动可以培养人,比如你的沟通能力可以在活动中得到锻炼。所以我有两个想法,一个是思政课可以通过其他一些活动去补充,另一个是把这些活动纳入课程体系。

吕： 你刚才讲,评价这一块也在你儿对吧?

ZJ2： 课程质量这一块在我们教务部门,我们教学质量评价不会具体到课程的。这么多课程,我不可能逐个去评价,我们只是制定一个标准,要求通过哪些环节来评价一门课程,当然教务部门里有一个质量监控科的。

吕： 他们有没有课程评价的东西?

ZJ2： 每个学校都有课程评价,比如说学生评价也是课程评价的一部分,年底还有课程总结,还有就是他们学院里面对课程的一些教师所作的评价。

吕： 现在用的是量表吗?

ZJ2： 是的,这个是教务处设计的。原来是很细的,后来发现学生在填的过程中不会很细地填报,后来就把这个量表改成粗略一点了。

吕： 你们马院的人多吗?

ZJ2： 我们其实人也不算多,按照编制可能还不够,人员比例好像还没有达到现定的要求。现在马院由我们学校的一个副书记兼任院长。

吕： 是分管思政工作的副书记?

ZJ2： 是的。

第三部分

课程思政教学改革的实践探索

课程思政的动力策源

各位老师好,我是今晚沙龙的主持人吕小亮。今晚沙龙的主题是"课程思政的动力与策略",提供以下三份材料供大家开启思路:一是最基础的概念内涵,二是最早也是非常权威的一篇论文,三是高校课程思政领航学院建设的思考。这三份材料从不同侧面解析课程思政,帮助大家了解、认知和把握课程思政的基本内涵、主要价值和实施方法,但是对于如何推动课程思政、教师开展课程思政的动力机制以及高校如何激励教师开展课程思政的政策举措鲜有提及,这也是举办本次沙龙的主要目的。期待大家积极参与,踊跃发言!

吕: @LLL 请教,同济大学是上海课程思政领航高校,在教学中学校有无比较明确的要求?

LLL: 在专业课程融入思想政治教育的内容就是课程思政吗?@吕小亮

吕: @LLL 我的理解,与此相近。但更多的是,如何发挥思政课、专业课、通识课的育人作用,同向同行。

SW: 上海高校课程思政开展得最好。

CQ: 课程思政的最终目的是育人,实践过程中,由于过于强调课程,出现"见课不见师"的现象,值得思考。

LLL: 我们有这方面的要求,但可能要看具体的课程,比如数学、物理这样的课程,我不是太懂得他们怎样融入思政的内容,但是我们教育的课程还是很好融入的。

吕： @SW 您好,上海课程思政开展得较早,也有一些成熟的、有效的做法,上大比较突出。

CQ： 个人陋见是：只有有了教师思政,才可能做好课程思政。

LLL： @CQ 有道理。

SW： 课程思政,关键是需要教师挖掘本专业、本课程中的育人元素和育人资源,但很多教师不太了解怎么开展课程思政,需要做大量教师培训工作才行。

ZZY： 开展思政课程,可以发挥第二课堂的主阵地作用,提升思政课程亲和力和持续力。

吕： @CQ 的确,"见课不见师"是之前普遍的现象,也是推进课程思政教学改革的基本动因之一。

QMK： 每一门课都有"立德树人"的功能,都是"教书育人"的载体。

LLL： 以"立德树人"来评价教学可能就是课程思政的体现吧。

LB： 是不是从宏观(价值内涵)和微观(实施执行)两个层面来分析课程思政更加好切入些？

SW： 所以,课程思政,关键是提升专任教师的育人素养。

吕： @SW @LLL 两位提的极是,不同课程开展课程思政难度不同,方式内容也有不同,效果自然更是不同。

QMK： 没有无目的的教育。

CQY： 从教书育人的角度,或者说教学的教育性来看,所有课程都应蕴含思政内容,都有开展思政教育的任务。这是教师的内在职责。之所以要提倡,是因为现实中很多老师忘记了这个职责。

吕： @QMK 每门课都有育人价值,但受之前思政课专门化的影响,不少专业课教师认为思政内容不是专业课的教学内容,他们不愿意付出更多精力去做,何解？

SW： 一些教师除了忘记育人职责外,也不懂育人,育人的能力和素质太弱。

XJW： 立德树人咋评价呢？

QMK： @吕小亮 科学也可以育人,而非单纯传授客观知识。@XJW 评价是个大课题,北师大在做。

LB： 不少专业课教师认为思政内容不是专业课的教学内容,他们不愿意付出更多精力去做,我觉得他们是不是还没有理解思政的全面育人内涵？

@吕小亮

吕： @CQY @SW 育人职责的遗忘，是教师尤其是专业课教师最大的问题，也许这也是课程思政的价值和意义、挑战和困难所在。

ZLK： 关注教师的考核制度层面，教师的关注点值得去研究。

吕： @LB 这是提"动力"问题的核心，如何让老师们有动力开展课程思政。

QMK： 所谓教育，当前教师重教轻育，所以要强调形成育人合力。

吕： @ZLK 考核导向是非常关键的动力源之一。

LLL： 我查了一下，"所谓课程思政是高校所有课程必须具备价值塑造、能力培养、知识传授三位一体的教学目标，深入挖掘各门课程蕴含的思想政治教育资源，所有任课教师在课堂教学时要注重在知识传授中强调价值引领，在价值传播中凝聚知识引领，将思想政治教育融入高校课程教学全过程"。我觉得这就是我们教育学中讲到的隐性课程吧。@吕小亮

ZCK： 课程思政，首先是一门好课程、学生愿意听的课程。学生愿意听，后续加思政加专业内容才有效果，学生不感兴趣、不愿意听的课，即使思政的元素再多也没用；之所以现在课程思政提得很火，很大原因就是思政课程学生不愿意听、不感兴趣。NCSS 调查也印证了这一点，大家也应该有所感受。不管什么样的课程，能够让学生有兴趣听而不在底下看手机就已经很难得了，大部分课程还是处于读 PPT 讲课的阶段。

CQY： 很多老师片面地认为思政教育是思政课的事，不去思考和挖掘自身课程的思政内涵，这与行政部门长期放任有极大关系，所以要从教学管理上加强监管、评价与舆论引导。

XJW： 但指标化以后就怕又起不到"立德树人"的实效。

LL： "见课不见师"的提法好，形象到位，受教了。@CQ

吕： @LLL 有隐性成分。@ZCK 的确，不是好课，很难彰显价值。

XJW： 课程思政的普遍性要求与大学教师课程思政教育能力的不足形成较大矛盾。

吕： @CQY 管理、评价和引导，是重要的外在动力方式。

吕： @XJW 的确是。我们提每一个要求，都得基于实际，如果老师们做不到，而我们又没有适当的方式来培训老师们，就很难推动课程思政。

CQY： 是的。根本上要激发教师崇教育人的热情、素养和水平。@吕小亮

吕： 这就是动力问题,大家有什么建议呢? 如何激发老师们开展课程思政的动力?

LL： 目前对于课程思政的体系有几种提法:一种是"同心圆式"的结构,思政课为核心(显性),通识课(隐性)、专业课(隐性)为外围;一种是"同向同行",我理解是从功能上的表达。@LLL

PSXF： 专业教师和思政课教师联合设计课程内容,在专业教学中融入思政元素。

LLL： @LL 谢谢。学习了。

吕： 对的,专业课教师和思政课教师应该合作,深挖课程资源、专业资源、校本资源、地方资源,这些都是课程思政的重要素材,可以为教学助力。

LL： 从实践看,党委的重视,教学评价明确有课程思政目标(作为素质目标之一),职称评审的导向,评奖评优的激励,都算是动力。

XX： 中小学每门课程的教学目标中,基本上都要求有情感态度价值观目标教育,不知是否与这里所说的课程思政等同或相近。

吕： 上海课程思政就有非常鲜明的校本特色、地方特色。

LLL： @LL 说得很好,都是外部动力。那么从内在看,是不是激发教师本身的内在动因也很重要? @吕小亮

吕： @XX 这是目标啊,高校课程思政也希望这样。

吕： @LLL 对,从内外因素论来分析,内部动力和外部动力都很关键。

CQY： 动力机制的塑造:一方面是外在的,管理、评价指标,荣誉制度等导向;另一方面是教师队伍的培养培训成长,教师职业价值、理想和关于人的发展的理念的确立等。两者相辅相成。

LL： 总结过几种课程思政的模式:集聚式开发(上海模式)、浸润式开发、重构式开发(南京大学李向东教授开设的"宇宙简史"课程)、系统性开发。

吕： @CQY 的确,我在做动力研究时,教师专业发展中的动力因素就是这两大板块。

CQ： @CQY 就课程思政,您觉得该如何培养教师呢?

吕： @LL 提炼得非常好,上大称自己的课程思政为项链模式。

WU： 课程思政建设思路:以社会主义核心价值观为基础,融入科研精神、工匠精神,形成课程思政的颗粒化元素,从课程教材开发入手,结合课程的专业背景与技术背景,将课程思政元素巧妙地融入课程各章节中,形

成有机整体,水到渠成,起到课程思政"调味"和"提鲜"的作用。

XX: @吕小亮 写教案的时候就要求上完一节课,就要以特定方式达成教学目标,核心素养要落实到每门课中。大学老师这方面没有中小学老师做得规范。

ZCK: 激发老师们开展课程思政的动力,更多的应该是自发的、主动的。好的课程思政一定是老师真心爱这个专业这门课,真心爱自己所教的学生,真正热爱教师这个职业,这样才能把课程讲好、让学生爱听;外部培训等因素只占一小部分,因为教师们从小学到大学也都接受了思政教育,建议学校可以分成讲课和科研两条线来评职称,这样能够让课讲得好的老师好好讲课、科研做得好的老师专心科研,两个都做得好的那就是特别优秀的大学教师了。

QLXK: 当前我国课程思政教学改革走在前沿的包括上海的部分高校,全市"课程思政"包括整体试点和各项培育校共计58所,基本实现全市高校全覆盖,其中开设"中国系列"课程近30门,近400门专业课程申报开展试点改革。我们学校去年还组织全校各院系部分教师共40人赴上海参观学习,像复旦大学的"治国理政的理论与实践""国际关系导论"、上海大学的"大国方略"系列课程等,都已经形成完整的课程思政系列和链条,课程结构非常完整,而且各个学院和专业是联动的,形成课程共建,几个不同学院的教师在同一堂课上对问题的各个方面进行讲授和问答,并且能够就学生的思政开发设计出一套完备的教学方案和流程,因此比较成熟。其实课程思政不是要用枯燥无味的说教来让学生产生思想共鸣,而是要从根本上着眼于学生的接受程度和吸收能力,课堂教学也应当充分考虑学生所喜闻乐见的形式和途径,通过生动灵活的教学语言、教姿教态,促进学生自身对于问题展开积极且主动的深入思考。

吕: @ZCK 您讲得对。很多学者研究认为,教师专业发展领域中,教学和科研就是有一定的对冲性的。但因此就要将两者分开,是否又容易造成"教学的内容不是先进的前沿的""科研的项目又不是基础的易习得的"的矛盾和问题?

LL: 项链模式、串珠形式比集聚式开发好。@吕小亮 很多专业教师很困惑,如何提取思政元素?我试着从资源学视角,找了思想政治教育资源和课程资源的相关文献,做了一些思考。首先要明确思想政治教育内容的基本要素,包括世界观教育、政治观教育、人生观教育、法治观教育、道德观教育的含义和主要内容(张耀灿《思想政治教育学原理(第二版)》高等教育出版社2007年版,第6页),再按照内容开展教学设计和实践推进。

吕: @LL 太是了,一是不同课程、不同学科教师如何整理课程思政素材,二是如何激发不同教师的积极性,这两点都非常重要。前者关乎教改难度,后者关乎教改主体的积极性和主动性。

吕: @XX 中小学的情况和高校略有不同,高校的制度约束力不是那么强硬,另外,对于课程思政的建设进度,还没有达到制度性的刚性要求,老师、管理者还存在理念差距。

吕: 上海建了领航高校、领航学院,准备在此领域深耕。

LL: 所以,专业和课程中涉及的能对学生开展世界观教育、政治观教育、人生观教育、法治观教育、道德观教育的,都是可以提炼的思政元素,作为隐性教育,融合到课程内容或形式当中。

吕: 上大的项链式,中医大的大体老师,都是非常有特色的课程思政实践。

ZQY: 推动思政课程建设,坚持"立德树人"根本任务,坚持显性教育与隐性教育相结合、课内和课外相结合、理论与实践相结合,要健全课堂教学管理办法,从课程设置管理、课程标准制定、教学督导听课、教学纪律约束等方面建立规范性制度安排;要加强思政课程师资队伍的培养培训,形成考核评价和激励机制;阐明课程思政的学理依据和建设内涵,通过科学的制度设计和机制激励,将思政教育与第二课堂育人相结合,让思政课从无形转向有形,推动学校思政教育制度化、专业化、体系化,将思政教育贯穿课堂教学与学习实践的始终,提高思政教育亲和力和持续性,让课程思政理念深入人心,形成可复制、可推广的建设方案。

LLJ: 上海的课程思政改革启动早,成效好。去年邀请上海健康医学院的专家来校做课程思政报告,医学院教师培养学生的时候,树立"全人格"培养定位,把救死扶伤与医者仁德精神融入每门专业课程中,从古代到现代都抓取了学生未知或应知并值得学习的课程思政元素。课程思政改革试点已成为国家主导的教育行政部门的工作重点,个人认为最重要的是课程思政教师的教学观与课程设计问题,得让每位专业课教师都要掌握有效的课程思政的范式,让非思政课教师先接受并内心认可这种符合三全(全方位,全过程,全员)的育人理念与方式,让实施课程思政的所有教师先接受"大思政"理念,从学科专业发展历史的角度逐步找到各学科专业的思政元素,在教书育人中自我恰当融入,为高校立德树人服务,为培育全面发展的社会主义建设者和合格的接班人保驾护航。

LL: 北京联合大学的课程思政做得很好。

吕: @LL 每门课都有,但是每门课素材多寡、难度大小不一,对老师们的意愿和动力影响不小。

XXD: 课程思政就是说每门课程都有育人元素,都要挖掘育人元素,每位教师都有育人责任。教师在课程和专业教学过程中,要融入育人的工作,承担起育人的责任,在传授知识、答疑解惑中教育学生学做"真"人,而不是另外开发新课程。

ZCK: @吕小亮 是的,确实存在这个问题。对于科研和教学不协调的问题,国外研究型大学是这样解决的,教学的老师称为 Lecturer,但是不能带研究生,Professor 是教学和科研都可以的,可以带研究生。走的是两条线。

吕: 无形化有形,这个过程相当艰难。@LLJ 赞,教学设计非常重要,如果在教学前端不做设计、不抓内涵,后面很难深入,也很难共情。

YE: 课程思政建设正在面临更加深刻的内外部环境变化,或许需要考虑到这些因素的影响,如"00后"逐渐成为大学生中的主体,课程思政策略应当进行与之相适切的调整,摆脱传统思政教育中的照本宣科与形式化倾向,新一代大学生所热衷的事物或许能够开发成为课程思政中新的资源或媒介。

ZCK: @YE 是的,特别赞同,课程思政就是在自己已有的课程上加思政元素。

ZZY: @吕小亮 过程确实比较难,但近年来,第二课堂在提升思政课程的感染力和影响力方面成效是显性的。

吕: @YE 是啊,不是开发新课程,应该算重新设计、建构课程。

ZZY: 主要还是需要用心用情的教师队伍。

LL: 我这两个月在参与高教出版社的新教材《电子商务文案》《电子商务法律法规》的编写,专门邀请我去做教材的课程思政副主编,可见出版社对此很重视,提出要有明显的课程思政的特色。各章撰写者的压力很大，需要对课程思政进行深入了解，并且要体现在编撰内容中。

吕： @YE　您提到了，新的学生群体，"00后"，教学针对性问题，不同对象、不同方法、不同内容、不同效果。

ZCK： 是的，现在大学的新教师一进去，就是科研任务考核，非升即走，科研压力很大，与学生打交道或用在打磨课程上的精力确实受限很多，用心用情的教师队伍很难得，也需要学校用心用情对老师，老师也需要用心用情对学生。

吕： @LL　如果每门课、每门教材都能有专家参与编著课程思政内涵，那会对此项改革起到极大的促进作用。

吕： @ZCK　是的，新进教师科研考核压力非常大，教学还不准松，尤其是一般高校。双一流有些高校是新教师做科研，不用做大量教学，一般高校，既要你搞科研，还让你上大量的课。

ZZY： @ZCK　制度保障很重要。

吕： 前阵子，南方某所211高校老师要跳槽去普通学校，原因就是科研出不来。

吕： 刚才@LL　提到从教材入手，设计课程思政，这是一条外力推动的好路径。

XXD： 教书育人工作是长线专业，既要用心用情用力投入，又不容易出成绩、见实效，所以老师不愿深入去做。

LL： 辅导起来的确有点费劲，基本每章的课程思政目标都是写"开展法治观教育、道德观教育、爱国主义教育、工匠精神教育"，其实结合具体内容提炼贴切的课程思政目标才是真正理解和落实课程思政，说之前听过多场报告，都已经形成了固定的思维。从哲学上说，算是没有区分一般与个别的关系，没有掌握好"辩证思维是马克思主义的重点法宝"吧。

吕： 这是教育的特性，教师选择这个职业和领域应该有这个预期。

ZCK： 是的，现在的制度是筛选能发论文的人，所以大部分新老师的科研能够做得好；但制度没有对老师讲课能力提升提供充分的保障和合适的土壤。

ZZY： 我们正在准备启动实施第二课堂建设，加强思政教育教师队伍建设，推动思政教育教师队伍晋升渠道，确保思政教育教师队伍制度化、专业化、规范化。

吕： 如果从管理、制度上来激发教师开展课程思政的话，大家有什么比较好的制度设计建议？

LL： 我们的职称评审分为教学型、教学科研并重型、社会服务型。对前两类有明确的课程思政的评价要求。

吕： 以什么样的制度来激发教师课程思政的改革动力？

JXD： 实施课程思政的出发点和落脚点中的一点，在于课程思政要在人才培养中发挥作用。课程思政是否有效、有多大的效果，不仅在于教师在课程中涉及多少思政元素，还在于学生对课程思政的理解、内化和表现。因此，推动思政课程实践改革，除了教师队伍、制度保证，还应当弄清思政课程最终到学生这一点的作用机理，师与生共同形成课程思政的合力。

ZCK： 有固定模式或者固定结构的课程，一般都是讲得不好的课程，讲得好的课程老师一般都是自己发挥得比较多的课程，讲得有激情的老师。

吕： @LL 相关的文件可否发给我学习下，谢谢！

吕： @LL 职称制度，是一个。

LL： @吕小亮 可以的。我们学校督导评价表里也有了课程思政一栏。

吕： @JXD 的确，效果应该体现在学生的进步上，学生的参与也应该是课程思政的重要动力，所以有人说，教师专业发展的动力之一是学生的学习需求。

LL： 这两年的高职教学技能大赛，也有了明确的课程思政要求。要想得到好的奖项，缺了这个不行。

吕： 职称制度，是非常重要的制度导向，对于教师的引导力度会非常大。

ZCK： @LL 赞同，但是别说课程思政的评价和考核，现在高校对教师的讲课水平基本没有太高的要求，现在去大学课堂听课的老师或者专家很少，仿佛听课成了基础教育的专有名词，大学目前是普遍对于教学不重视，想单纯提高思政课程或是课程思政的水平，是没学会走就想着学会跑了。

LL： 其实经过三年多的实践，很多高职院校已经落实到各个环节了，高职比较重视教学吧。

吕： 对的，可能相对高职更重视教学一些。

YE： @吕小亮 是的。课程思政建设的落脚点最终应该还是在学生身上，所以考虑到新时代大学生正在发生的变化是重要且必要的,如何从新时代大学生的特征与兴趣点着手,融入新鲜的元素,应该是课程思政策略需要关注的内容,比如近年来形成的饭圈文化,包括最初以年轻人为主要受众的B站,现在似乎已经成为共青团中央等力荐的新媒体,抓住并理解年轻人的热爱和他们活跃的社区,将课程思政建设成时代的"弄潮儿"。

LLJ: 用行政手段推动课程思政会流于形式,只有强化实践后才能总结出良好范式。高校需营造课程思政氛围,整体设计课程思政方略,每个教研室要开出课程思政试点课,每位教师要更新传统教学观念。课程思政应是让专业课教师拓宽相关学科专业思政素养,指导、带领本课程的学生强化思政与专业知识素养,用一棵树摇动另一棵树,让教师接受并自主在课程中运用思政元素育人才是根本,课程思政不应是一阵风,不应是标准一刀切,应成为新时代高校为国育人、为党育才的新型教学形式创新与实践。

吕: @LLJ 所言极是。绝不能一阵子,育人应该是长线思维。刚才也在提,如果教师没有长线思维,那么他真的不适合当老师。

LL: 上级对学校的评价考核打分里,这个导向很明确的。

吕: @YE 让我想到了前几天的"后浪",这也是一次非常赞的课程思政演讲。

WJ: 其实我们可不可以多引入类似"后浪"这种新颖而不出挑的形式融入课程思政的模式改革中呢?

LL: 这次疫情,为课程思政提供许多很好的素材和案例。在我们的线上公开课里,很多老师都融入了抗疫的元素,效果不错。

CQ: @吕小亮 对"后浪"演讲褒贬不一。

WLF: 高职、民办高校更重视教学很正常。有硕士点、博士点的高校,坦率地说,教学喊得再多,最后也是科研第一。你看看有几所学校招聘是强调教学的,都是看科研。

吕: @LL 这种效果太好了,也太需要智慧和精力设计了。对于很多老师来说,"臣妾做不到啊"!

WLF: 很多教育政策,都是上面热、中间温、下面凉。

ZCK: @YE 是的,得关注学生,但是即使是新一代"00后",他们在B站上也是喜欢罗翔的法学课、张召忠的国防教育视频，关键是老师得讲得好、有水平，才能征服新一代的学生，提不起学生的兴趣、讲得不好，大家自然就不爱听。

吕： @CQ 的确，有不少不同声音，但正恰恰说明了思想在交锋。

WLF： 在"两课"教师自己都感觉颇多无力的情况下，要专业课教师投入很多，总体看不太现实，当然好的个案应该有。

LL： 专任老师们的智慧，你想不到的，一旦点燃了，喷涌而出。@吕小亮 对他们的崇拜之情如滔滔江水绵绵不绝。

吕： @WLF 是的，看教师地位就很明显，科研尖子明显高于教学能手。

WU： 个人体会，课程思政备课的思路：坚持"四备"原则，即备教材、备社会、备学生和备教学法。具体而言，备教材指的是将教材中的课程思政内涵理解透彻，深入掌握课程思政元素沉降点；备社会指的是将当前社会最新时政精神和故事巧妙地融入课程授课中；备学生指的是充分考虑学生的实际特点和心理状况，做到课程思政因材施教；备教学法指的是选择合适的教学法，把当前讲授的课程思政内容生动地转化给学生，让课程思政入心入脑，学生不感到枯燥乏味。

WLF： 手机，就是学生听课专注力的第一杀手。

吕： @LL 哈哈，那就太好了。

ZCK： @WLF 手机不是学生专注听课的第一杀手，第一杀手应该是老师念PPT。

LL： @WLF 我是思政老师，感觉这几年的课好上多了呢，外部环境好，老师讲起来有底气。

吕： @WU 是啊，要做好课程思政，这些不可或缺。如何让教师主动投身其中，做好这些工作，是个难题。

WLF： 这几年上面非常重视思政，大环境确实越来越好了。

吕： @ZCK "二八"现象在教学和手机中都有占比，都有影响。现在课程思政所想努力的，是让毫不在乎你讲啥的"八"或者我陪手机上课的"八"少一些。

吕： 职称制度、考核制度、奖励制度、竞赛制度、教学管理制度，都是外部动力源。前面还提到了教材修订，也是比较好的外部手段。

LL： 宁波教育工委连续三年评选了"优秀课程思政教师"，是在原来的"三文明三优秀"的基础上增加的。

吕： 如何激发教师内部动力呢？或者换个问法，教师开展课程思政的内部障碍在哪里？@所有人

ZCK： @吕小亮 是的，确实有这样的情况。但是我觉得教师应该把学生看手机的比例作为激励自己的动力，如果能够从一开始讲课"二"听课、"八"看手机，到后来慢慢地转变到"八"听课"二"看手机，那就是很大的进步了。老师想进步不能在要求学生身上下功夫，还是得在自己身上下功夫，这样才能有所提高。就像开会大家看手机是一样的，会开得好自然看手机的少，会开得不好收了手机也不行。

LL： 既然是任务，有导向，老师们主观上想做好的，苦于不大知道思政的内容，就成"无源之水"了。我接触的很多高职专任教师，都有这个困惑。

吕： @ZCK 这是从内部找问题、解决问题。教师如果有此意识、有此主动性，那课程肯定会慢慢改善的。

ZCK： 建议选这些优秀课程思政的时候，听课多一点，看材料包装少一点，大部分都是文字包装，实际课程变化很少。

WLF： 不知道有没有课程思政实施效果的一些代表性调查，理论分析与讨论要有，但太多则可能陷入"自娱自乐"，很多政策、观点、措施的理论分析都很好，但落地就出现问题……毕竟现实复杂，很难什么都预先想到。

WLF： @ZCK "开会看手机"这个类比好。

ZCK： @吕小亮 是的，现在教师对自己讲课水平很少有主动反思的，这本身就是一个大问题。

LL： 就是"缺乏育德意识和育德能力不足"。

吕： @WLF 现在这种学术探讨、实践案例分享都有很多了，但是问题在老师主观的接受度、认可度上。

吕： @LL 提炼得好。

吕： 大家有什么对策？或者说各校比较好的做法有哪些？

XJW： 以点带面做课程思政，先树典型、树样板，再逐步在面上推广。

吕： @LL 你们制度设计做得不错。

吕： 很赞同这一点，@XJW 身边的典型非常重要。

LL： 嗯，不少高职的制度设计都有了。

XJW： 有些老师水平有限，一加思政，可能起反作用。

LL： @XJW 的确。

吕： 制度设计、典型选树,还有别的吗?

XJW： 不是每盒牛奶都叫特仑苏的。

吕： @XJW 有这样的老师的,比喻得好。

ZCK： @XJW 是的,有些老师讲好自己的课都困难。

吕： 课程思政就是需要这样的类比,道理清晰,浅显易懂,引发思考,深化认知。

ZCK： 赞同。

TCH： 我搞过很多讲座,有些教授的讲座,学生是早早就坐在那里等了;后来管过形势政策课,受此启发,形势政策课改革,采用竞聘形式,请学生喜欢的老师上,效果真的好!所以思政课还是在于老师讲得怎样。

ZCK： @TCH 赞同,关键在老师。

吕： 竞聘式讲座,很好!@TCH 又多了一策。

LL： 一些老师有抵触心理。其实把意识形态的极端重要性、国内外形势、学生现状讲清楚,大家是乐意接受并想方设法去达到这个课程目标的吧。也就是对专任教师也要做好思政工作。

吕： @LL 也就是教师教育,对吧?欲正他人,先正自己(教师)。

吕： 教师工作部的主要职责之一,现在是刚开始。

ZCK： 强烈赞同。

吕： 未来这个部门的机制成熟以后,可能越来越重要。

LL： 这类培训蛮多的,但是讲技巧的多,可惜了。有一次看到一张人民网海报就说是课程思政的讲课套路,我马上去找主办方理论了,认为他们理解偏了……

吕： @TCH 衍生问题请教,竞聘式的后果可能是不少老师没课上,怎么办?

ZCK： 没有课上的老师,可以考核他们的科研量,如果没课上、科研也做不好,就可以考虑……

LL： 主课不安排不行,形势政策课可以搞。

吕： @LL 这样的确偏大了,完全误解了课程思政的本意。

吕： @ZCK 建立高校教师淘汰机制是一件非常难的事情。

HJ： 可以考虑增设实践课程,主要是指导学生把自己的专业知识和技能运用到实践中,深入基层,服务社会。可以将实践育人纳入教师职称聘任考核指标。例如,教师指导学生参加学科竞赛,教师参与业务竞赛,都可以作为职称聘任条件之一。

吕： 哦,看课程做决策,不同课程的方式不同。

LL： 搞了好几年,停留在这样的导向上,也属于无奈之举吧。

ZCK： @吕小亮 是的,确实很难。

WLF： 不太懂课程思政,自己也没有参与,但基于自己在高校工作十七年经历,建议：第一,管理要考虑教师的利益诉求,教师的利益与管理部门的利益未必总是一致的,比如管理部门当然希望教师不断更新知识,但实际上很多教师并不是那么热心更新的,不符合教师利益的政策,即使短时间内很热闹,最后也容易虎头蛇尾；第二,每个部门都会觉得自己的工作重要,总提出一些要求,但加起来就很占时间,搞得教师疲于奔命。

CQ： 桃李不言,下自成蹊。真正的好老师本身就是课程思政。

吕： @HJ 这个有些学校已经有了,尤其是"挑战杯""互联网+"之类的竞赛获奖,有些高校甚至可以跳级聘正高。

KY： 课程思政和思政课程还是不同的吧。课程思政是润物无声的,思政是对着人心的,人心需要感化和教化。专业课程是思政的载体,载体如何传导到内心的变化,这个是重点也是难点。所以感化和教化是载体设计的基本原则。而且强调课程思政还需要注意专业课程本身,强调"又红又专",是一体两面的。

WLF： 怎么引导和激励教师,确实是难题。

LL： @CQ 这就是大家所说的"见课更见师"吧。

CQ： @LL 嗯。

LL： 实践中,对课程思政有几种认识：回归观("古之学者必有师,师者,所以传道授业解惑也。")、理念观、素质观、体系观、改革观。

吕： @WLF 的确,得考虑实际。利益、情感和价值引领都是必须考虑的内容,考虑教师的诉求,并给予一定的制度支撑和利益供给,也非常重要。

吕： @KY 您提得非常准确。载体如何传导到内心,非常值得研究。课程思政中也有思政元素,也是感化和教化,关键在于如何传导和共情。

XYC： 感化和教化。

吕： 从"见课不见师"到"见课更见师",这是内外部动力共同作用才有可能实现的成果啊!

LL: "知之愈深,爱之愈切"无论是对老师还是对学生都是如此。

XYC: 共情和共鸣。

TCH: @吕小亮 是,课时费要集中力量请好老师,学生喜欢,效果也好。

ZCK: 是的,好老师值得高报酬。

吕: 好老师资源太少了。记得以前教育部组过名师团,全国范围内的,的确效果不错,但是见天、见人、见课,回归日常就没办法覆盖了。

WLF: 好老师和好的研究者一样,永远都是少数。

吕: 一阵风,风一过,又是一地……

TCH: 我把省里的铁嘴都请了一遍。

WLF: 好的管理者也一样少。

LL: 如果放开让学生选课,会怎么样?后疫情时代的教育走向会怎么样?

TCH: 听这些铁嘴讲课确实是一种享受。

吕: @LL 能淘汰一些课,但是师资、容量就那些,淘汰也非常有限。尤其是有些课又是必须要上的,你切不得。

LL: 这次的"全国大学生共上一堂思政课",效果很好。

WLF: 可能是新鲜感,连续几次估计就未必。

ZCK: 确实,请来的老师比较给力。

LL: "大牛""铁嘴"的课的确深入浅出,好听好懂。

TCH: 这就是好资源共享,比学校里一般老师的水平还是高。

ZCK: 关键还是得看请的老师和所讲的内容。

WLF: 毕竟上课不是追剧。我的意思不是上课水平,是说始终是隔着屏幕的。

吕: 这又是一个老问题新表象:再好的设计、教法,用了多次之后,也会出问题。

TCH: 在党校上课的时候,我们也都是好老师的课听得津津有味,何况学生呢!

ZCK: 可以参考一下,大家在B站上追罗翔的法学课,大家都爱听。

TCH: 有些老师上课水平确实高。

WLF: 是。

ZCK: 嗯嗯,是的。@TCH 老师都喜欢听的课才是好课。

TCH: 不见得他的知识一定很丰富,但上课的语言、形式就是吸引学生。

ZCK: 老师要学会换位思考,把自己换成台下的学生,这样考虑就会主动提高自己的讲课水平。

吕: 我们都羡慕和喜欢优秀的,我们的目标是把一般的变成优秀的。

WLF: 麻烦就在这里。

TCH: 每期党课安排,总有那么两个老师的课上得让你终生难忘。

WLF: 优秀的始终是少数,一般的始终是多数。

吕: @ZCK 对的,教师上课前,一定要研究自己的听课对象,否则就是对牛弹琴,抓不住痛点,这个课就是失败的。

LL: 课要上得好,课程思政也要做得好,老师们压力山大。

吕: 是的,课程思政,主要在老师,老师引导得好、教得好,学生多数都会认可、投入。

FT: 我觉得课程思政不能光泛泛而论,还得分学科、分学生群体,我主要关注学生资助研究,我觉得对贫困生而言,应该制定专门针对他们的课程思政或者思政策略。通过建立社团组织,举办专题的讲座班(会)等方式,激发贫困生的感恩心理,并且树立他们努力奋斗的理念。现在一个很大的问题是很多贫困生反而不努力,整天意志消沉地混日子,我觉得这是一个非常值得研究的主题。就是学生资助,不能仅仅是财务资助,还需要充分发挥育人效应,作为催化剂。比如说选一个主题"学生资助育人效应的思政催化剂功能分析",报个课题,说不定很能引起注意。

TCH: 是,所以很多培训班的课也是这样,前年我在北大上的培训课,有个姓周的教授上了一天,我们都听得不累。

LL: 贫困生毕业后的调研好像看到过。@FT

CQ: @FT 好题。

TCH: 奖学金催生的感恩情怀,我觉得也应该放大,现在对研究生,国家每年发的钱还是很多的,但学生感恩情结并不多。

KY: 课程思政本身是具有时代性和问题指向性的。发达国家早于我们实现工业化,但是并不存在他们的普世价值,我们有我们自己的"四个自信"。在具体层面,我们的专业教育体系、专业课程体系如何改革,我们的教育话语和专业理论及话语体系如何与我们的发展相契合,也是课程思政的重要内容。

吕: @FT 贫困生的感恩教育可以成为重要的内容组成和教育实践方向。

吕： @KY 契合很关键,如何实现供需匹配,在课程思政中也非常重要。

吕： 各位老师,本次沙龙接近尾声,谢谢大家的智慧火花。

感谢各位老师的积极参与,课程思政愈发清晰、可见,大家从管理举措、考核导向和职称制度等外部动力建设,到教师利益、精神和价值需求等内部动力激发,深入探讨了教师课程思政的动力策源。同时还从教师专业发展、竞聘式课程、典型选树等策略讨论如何从"见课不见师"到"见课更见师",也出来了"不是每盒牛奶都叫特仑苏""开会看手机"的金句类比。整个讨论闪烁着大家的智慧光芒,体现了教师的育人使命,相信有大家的坚守和创新,课程思政一定可以焕发光彩、发扬光大、滋养众生。

上课一定要有"问题"意识

一、访谈对象：HB1（副教授）

二、访谈人：吕小亮

三、访谈形式：当面访谈

HB1：你在做一个课题？

吕：对。

HB1：关于思政课的课程评价，确实很难，因为评价的效果不好说啊。

吕：对的，到底用什么标准，用什么体系，这个确实很难。

HB1：目前也有一部分人在做这个事，其实这个东西，我们是纳入课程管理体系的。需要长期跟踪才行。

吕：对的，长期跟踪才能进行评估。

HB1：对的，短期是不现实的。若干年以后，虽然学生可能已经毕业，原来给他们上课的老师也不在了，但是原有的一些教学方法啊等等这些东西还在，要进行跟踪。

吕：这个长期的影响也不止思政课。

HB1：思政课对一个人的三观形成是起重要作用的，但占多大权重具体也不清楚。

吕：所以我想嘛，这个问题呢，是不是就思政课而思政课，还是就谈思政的理念，因为一拓展就太多了，我们先谈谈教学实施、教学评价、师资队伍，所以我简单地列了一个提纲。

HB1： 好的，那我就按你这个提纲简单聊一聊吧。思政教学中，最深刻的感受，是指哪方面呢？

吕： 比如说，有的老师说课特别难上，有的老师说学生不听话，就是这种很直观的、对思政课的感觉。

HB1： 思政课教学中，我最深的感受就是，这个课上好不容易。

吕： 具体指哪些方面啊？

HB1： 因为高校的思政课与中学阶段是有区别的，原来在中学，就是教学生知其然，现在我们高校就是让学生知其所以然，但现在仅靠我们手头的这些教材是不够的，需要老师加以提炼、加以分析，不是讲讲大道理就可以了，我们必须要上升到理性的高度，这个对老师提出的要求是很高的。现在很多人都认为思政课谁都可以上，其实不是这样的。我最深的感受就是，思政课真的要上好，是很难的，其中的理论是非常深刻的，不是你讲些段子就能上好的。下面我简单说一下第二个，说一下我的经验、做法与成果。

吕： 好的。你用得比较好的、比较成熟的，简单谈一谈。

HB1： 那我就谈一下怎么做好这个事儿吧。我觉得一个老师，一定要专一，你上哪门课就好好上，你像我上"思修"，这个主要就是人文课程，和"毛概""马原"这些课的性质是不一样的，其他课可能要你接受某种理论、想法，但我这门就是修养课。那我们老师做一件事情，就是要专心，一门心思，我们现在的问题就是老师对课程钻研不透，讲些其他的，这怎么能教好呢？像我现在就是只教这一门课。那具体的做法呢，我想关键是在老师，他们要讲出课的必然性，为什么要这样讲，这个就考验老师思考问题的深度。老师搞清楚，学生就能明白，这个东西老师自己说不清楚，怎么能说服学生呢？所以一定要提升教学的内容，这个不仅仅是我们教材知识的一个教授，可能我们还要对它作拓展、加深，要有问题意识。我在这里面的经验、做法，就是上课一定是要有问题的，你要是没有问题，那这个课肯定是失败的。这是思政课存在的普遍问题。我们现在很多学生就是受利益的驱动、麻木的，他们觉得这个东西没用，就不爱听这门课，这在中国的大学里这种现象比较普遍。可能是受大环境的影响吧，像我们那个年代，学生都是求真理的，现在呢，上大学压力也不大，有这种求真意识的学生是很少的，上课就玩手机。还有，老师虽然是硕士、博士，可能在知识性方面有一些高度，但是上课呢，真正的理论深度还是不够的。而且现在教育部搞的什么硕士、博士工程啊，讲的都是教育学原理方法，也比较偏向问题意识层面。另一个是我们现在的教材要有逻辑意识，要求真，要有问题意识，还有就是要不要在一定程度上增加教材的难度，我们有的老师看到教材很简单，他也不去钻研了。这与学生上课不感兴趣相比，是一个更值得关注的问题。团队建设方面，我们学校做得还可以。这个吧，主要应该有一个机制，让老教师去带新教师，要有一个机制去推动，团队机制是很重要的，现在就是缺少一个合理的、有效的机制，去让一个团队更好地发展。思政课的教学方法，老师一定要明确，我讲这个课，一定要明白我讲的是什么，这个教学目标、教学目的、教学难点、教学重点在哪里，这些都是我们首先要搞清楚的。很多老师都是以讲授为主，现在的教材，内容有时会重复，老师为了赶进度，草草把所有的内容讲完，但这个是要花时间的，这种效率没必要的。还有就是老师缺乏问题意识，他又怎么去互动呢？互动就是需要产生问题，才能互动，我认为从整体来讲，还是不够的，真正让我们学生探求真知的，还是得有问题提出来互动，需要学生有真正的问题意识。而且这个问题也不是一般的问题，比如我们从生活中随便拿来一个问题，这是问题吗？不是。我们是需要一个问题，关于一个人的三观方面的问题，来解决思想上的困惑，并且这个不是一般的思想上的困惑，是需要老师加强对学生的思想方面的了解才能解答的困惑。至于课堂外的互动，因为没有机制、要求，所以许多老师不是很主动，都是一下课，拿包就走了，所以这个互动问题吧，目前是很难解决的。我们需要建立一套机制，没有这个机制，光靠我们自发去做还是很难的。现在呢，就是学生不找老师，老师也不找学生，现在这种状况吧，我是很清楚的。

吕： 我问了一些领导、老师，课外的互动都是很少的。

HB1： 思政课需要讲社会热点问题，根据课程的需要，我们可能会对一些问题进行讨论。但是是不是社会问题我们都要拿到课堂上讨论呢，这个肯定不是的，还是根据课程需要吧。当然也要看人吧，有的人不是很关注这些，可能他就不会去研究这些。还有就是思政课的评价，我们有个教学排名，主要是学生的评价，老师讲得好或者不好，教学满意度的高低。但是真正的思政课评价，光靠学生是不够的。为什么这么说呢？说不定学生会因为这个老师的课好过，评价就高一点，那个老师比较严厉，就会评低一些。所以我们还是需要同行评价，这个课讲得怎么样，内容是否深入，是不是这个原理？其他的评价呢，都是很重要的。现在做思政课评价是很复杂的，我们上思政课，就是为了育人的，像在过去，真的就是看一个老师上课的好坏，我这辈子没发表过什么论文，你知道我们当老师的，这些论文还是挺重要的，但是真正有用的、对学生有益的论著还是很少的。我们现在的很多东西都是教学方法啊，作用有限，很多学校的评价体系，都不健全，我们只有先把这个东西做好，这个是重点，其他的才能好。评价的体系要全面，但我们都没有做到这一点，这个也会挫伤一部分老师的积极性。

吕： 对学生的管理方面，还有对课程进程的把握方面，比如课程管理，"低头族"管不管？对教学运行这一块的掌控力度来说，你觉得怎么样？

HB1： 这个吧，我觉得吧，教师在这方面的把握程度还是不一样的。优秀的老师和不太优秀的老师都是不一样的。

吕： 我是说总体上的感觉。

HB1： 那就是参差不齐吧，这都是我自己的切身感受。

吕： 您是一直在教这个吗？

HB1： 对的，我以前教法学，后来不教了。

吕： 好的，谢谢您。

我们培养的是全面发展的人

一、访谈对象：SX1（校长）

二、访谈人：吕小亮

三、访谈形式：当面访谈

吕： 校长好，感谢您利用这个会议间隙接受访谈。想请教几个问题。这么长一段时间您都在教育系统里，然后又管这么大的一所学校，肯定对思政课教学工作非常熟悉，我大概有这么几个问题向您请教，一是现在从上到下都在讲思政课的教学改革，全国思想政治教育教学工作会议刚在上海开完，从中央到地方都在推。我们学校思政课教学的基本状态是什么样的一个情况？

SX1： 现在从整体上来看，应该说从上到下都非常重视思想政治课。你刚刚讲从中央到地方都很重视，我们思政课教材是政治局来审的。你想大学里有哪个专业的教材和改革是政治局来审的？只有思政课是政治局来审的，所以从党中央，再到各个省，再到各个高校，对思想政治课，可以说是很重视的，都是由领导小组来推进的。很多高校都是这样，特别是中央每年都召开党建和思想政治工作会议，全力高效地落实一些办法和措施。

吕： 对。

SX1： 这是从面上来看。但是在课程实施过程中也会有一定的问题。比如说学生的喜欢程度，像现在这样一种大环境，人心比较浮躁，比较实际。学生可能对掌握某一门技术思考得比较多，他们会觉得思想政治课没有什么实际用途,没有实际的作用。再加上我们教学过程中的方法、教学的模式,相对比较落后,还有教师自身的素质,特别是年轻教师,他们从学校出来以后又进入学校,缺少广泛参与社会实践的经历,所以上课时从理论到理论都是在说要求,所以受学生欢迎的程度不是很好,学生缺乏一种获得感。这是我觉得存在的最根本问题。尽管我们从上到下都很重视,但是它发挥的育人效果到底如何,需要我们进一步研究。

吕: 就是实际上从某种意义上来讲,学校的重视程度和学生最后的收效好像有点反差,对吧?

SX1: 对的。我们之所以这么重视这门课,因为我们要培养社会主义建设者和接班人,是吧!我们教导学生认同并接受社会主义核心价值观,我们需要培养这样的人才,要通过思想政治教育的途径来培养,它的重要性不言自明。

吕: 从这样一个角度来讲,就是我们大家都很重视,但重视的方式方法和在实际推进过程中又遇到了一些问题。

SX1: 这当中最核心的问题,我个人觉得可以分几个层面,一个是我们的教育思想、教育理念的问题,就是从我们教育者自身来讲,到底我们的教育目的是什么?这个非常重要。我们培养的是工具,还是培养全面发展的人?我们在教育过程当中,往往过分地强调培养建设者这个功能,而强调人的德智体美全面发展,对于培养健全的人格而言可能就少了一些,这个真的是我们教育过程当中的偏差,是教育思想的问题。我们一方面要培养建设者、培养接班人,同时还要培养学生的健全的人格,培养他们全面发展,这是两个方面。这些在党和国家的教育方针中都有体现。但是我们在执行这个方针的时候,往往会有偏差,就是我们过于强调了学生对知识的掌握、对技能的掌握,是吧?

吕: 您是我采访的这么多位校领导里面,第一个提到教育理念的实践偏差的,过分强调某一方面,社会主义是需要建设者,但是更需要培养全面发展的接班人。

SX1: 对,我们如果把他培养成一个全面发展的人,那么他肯定能够成为一个合格的建设者和接班人,这两者是相辅相成的,不能偏废,两方面都要强调。这是教育理念问题吧?这是我要说的第一个问题。第二个问题就是刚才讲的,社会上这种实际化的倾向与思潮,大家都很实际,都讲实际,是吧?

在现实社会生活当中,好多人是以挣钱、有一份好工作为目的,是吧?这个太实际了。在教育过程当中,我们往往也强调学生要超越,要掌握专业知识、专业技能。那么,从学生的角度来讲,他也是看哪一门课程对自己有用的,是吧?因为他们毕竟是年轻人,他看哪门课有用,他投入的精力就多,我们这样一些带有价值观引领作用的课程,他们感觉好像没有实际的意义、没有实际的效果、没有实际作用,就轻视了它、忽略了它。这是第二个原因。

吕: 核心就是他们用这种实用主义观点去判别课程的重要性。

SX1: 第三个原因呢,我觉得就是教师资质。我们现在的思政课教师,应该说大部分都是从学校出来又进入学校的,他们自身缺少社会经验与体会,缺少生动的实践经历,所以他们讲出来的东西往往缺少自身的那种深刻的人生体验,往往从书本到书本,从理论到理论,很难打动人,很难打动学生。

吕: 对,所以你看现在很多人强调教学方法的变化,但实际上这些感人的案例还是需要教师的体验和内化。

SX1: 对,还是要靠自身的经历,教师能把自己的感悟、自己的经历、自己的认识表达出来,那就能打动人。教师自己没有深刻的体验,就是讲大道理,很枯燥,很无力,所以就打动不了人。这样就使得教学效果大打折扣。

吕: 对,就是学生在课堂里面听到的,在其他地方也都能够看到。

SX1: 对。第四个问题是管理。我觉得主要是教学模式、教学方法问题,往往都是传统的,就是那种灌输式的教学。过去我们的一些知识、信息是靠人生阅历的积累,老师因为他的人生阅历比学生多,他可以站在讲台上讲很多学生不知道的信息。但现在不一样,现在的学生们从互联网、自媒体等方方面面,能接受各种各样的信息,所以老师站在讲台上滔滔不绝地讲得很累,但是学生从你这里真正能得到的新的信息不一定很多。所以需要我们改变这种灌输式教学模式。比如说,可以让学生共同研讨一个问题,可以分小组来讨论一下,大家谈自身的感受。教师再加以总结、提炼、升华,你这样引导,可能效果就不一样,是吧?这个是教学模式的转变。至于教学方法,就是改变传统的那种教育方法,比如说翻转课堂啊、慕课啊这些,现代信息化的手段也要用起来,这个肯定会符合年轻人的特点。

吕: 对。

SX1: 互联网这些东西,他们最喜欢了。所以有的学校说上课时禁止学生带手机,或者在教室门口上挂个袋子,让学生把手机都交上来,我说那都是笨的办法,那是永远解决不了实际问题的办法。要把手机这些东西用起来,要让它产生效果。

吕: 在你们学校,教师队伍大概是一个怎样的情况?

SX1: 我们学校实际上和其他学校差太多。因为我们学校的办学历史短,教师队伍也相对年轻,思政课的教师队伍也是这样,也是相对年轻化一些。

吕: 思政课的结构数量是怎样的一种状况?

SX1: 结构数量基本上都能满足教学要求。

吕: 我们公办院校里面,就我采访的一些校领导,还有中层领导,包括十几个一线教授,他们也是这样讲,就是说可能按照350∶1这个比例。

SX1: 我们有些课是辅导员上,比如"形势与政策",还有"思想品德修养和法律基础"之类的课程,因为辅导员有相关专业背景。

吕: 对,这样会好一点。现在新进来的教师,可能博士生比较多一点。

SX1: 这个也没有,还是以硕士为主。

吕: 我前面采访东部的高校博士比较多一点。

SX1: 东部的高校可能是以博士为主的,因为思政专业的博士,特别是马工程开展以来,这个学科发展比较快,培养出的人才我想会多一些。

吕: 但现在想招到符合标准的很难,因为毕竟本学科的博士本来就不多,对吧?

SX1: 分到各高校基本上就更少了。

吕: 就是因为需要的高校太多了,2 000多所高校啊。您觉得像您刚才讲到的这几个方面的问题、这些短板我们应该怎么去解决?如果是推进思政课教学改革,您觉得突破点在哪里?

SX1: 这个突破点嘛,从理论上来讲,核心就是要做到理论与实践相结合。专业课为啥学生喜欢,因为它有理论有实践,有一些实践课,或者讲完理论以后,实际上要动手去操作。但是我们思政课就很难做到这一点,当然也不是说这门课不能做到与实践相结合,我们反而要更加强调理论与实践相结合。我觉得我们思政课要从这方面做改革、做推进,要体现出理论与实践的结合,如果理论和实践脱节,学生肯定不欢迎。

吕: 每节课都是传统的灌输式的,学生不会喜欢。

SX1: 那种说教式的形式肯定不行,一定要理论与实践相结合。这是最根本的。

谁能做到这一点，学生就会喜欢。既有理论，又有实践体验，这个是非常重要的。那么怎么来做到这一点？我觉得重要的是两个途径：第一个就是多让学生直接参与社会实践，让学生直接感受我们社会主义政治建设、经济建设、文化建设的方方面面所取得的巨大成就，让他们亲自去体验，到工厂去，到农村去，亲自去体验一下，回来以后再做个总结，再与理论相结合，升华一下，那他的收获就不光是一种感性的体验，还会得到理论的升华。第二个途径是要提高这门课上课的实际效果，要靠师资队伍。教师也要到社会主义的伟大实践中去。比如说三年一轮或者用寒暑假时间，也是到农村去、到工矿企业去、到科技企业去，可以到一个企业去挂职，挂上半年，或者说参与某个项目，或者是参与政府的政策制定与执行过程，他有这样一种亲身体验与经历，就有了一种很好的认识和升华，回过来他再给学生讲，把自己的体验讲出来，那对学生的吸引力就会增加，就容易入心入脑。我想要是找突破点的话，做到理论和实践相结合，这是主要的。现在就是靠在学校校园里参加社会实践，然后搞个社团活动，或者就是暑期下乡时搞个社会实践，还是太单一、时间太短。

吕： 仅靠暑期还是不够的。

SX1： 暑期时间也是很短的，这点时间，也很难深入。

吕： 对，您刚才讲到的这些我非常赞同，就是我们这些理论课，一定要实践，一定要去体会，否则就是一直在那就理论讲理论，可能这个效果就是现在这样子。

SX1： 再一个呢，就是要提高效果，是吧？体现出理论与实践结合，要改革教学模式，改变那种灌输式的模式。有些东西可以把它立成项目，让学生去做。其实思政课也能做项目。比如说，我们讲社会主义先进文化建设，能不能带领学生到社区去，或者到某个企业去，或者就在学校里面，为某个社区或者为某企业做一个文化建设方案，怎么形成优秀的社区文化、企业文化。做这个项目老师可以把学生分成几个组，最后每个组拿出一份项目的成果报告，大家交流。学生在这个过程当中，就参与了实践。

吕： 这个非常重要。其实您刚才也间接地回答了我第三个想问的问题，就是这个思政课如何服务人才培养？现在只有部分学校在搞课程思政，大部分学校都是思政课与专业课、实践课分开的，认为思政课就是马院的事情，专业课对思政教育都不重视。

SX1：当然这是一个全员育人的问题，就是每一门课程都要担负起育人的责任，要发挥育人的功能。但是在实际教学过程中，往往很难做到。我们强调课程思政，专业课也要做，但在专业课的教学过程中，不可能腾出很多时间来讲思政内容。所以专业课的思政教育，更多的在于教师，在于教师在传授专业知识、专业技能的过程当中，对学生健全人格的培养，教师的言传身教很重要，正所谓教书育人、为人师表、行为世范。过去有一句话"经师易得，人师难遭"，用现代话来讲就是业务很好的老师容易找，但是为人师表给学生人生指导的老师很难遇到。我们就要提倡老师既要做"经师"，又要做"人师"。你在讲专业课的过程当中，不一定系统去讲毛泽东思想、中国特色社会主义理论体系，但可以培养学生的创新精神、培养学生积极健康向上的价值观等等。

吕：这个就是著书立说和实际育人这一块还是有很大差别的。

SX1：就是教师在专业教学或者科研过程中，要引导学生如何做人，承担起专业课教师思政的责任，但是你在专业课上专门去讲思政课的内容还是不太可能的。

吕：对，所以课程思政现在也基本上按这个思路来推进。

SX1：比如说我讲会计学，我可以要求学生坚守诚信原则，不能做假账，要诚实纳税；我在搞科研的过程中，要求学生恪守学术诚信，不能剽窃别人的学术成果。这个就是专业课的课程思政。其实专业课程，也是一种思政教育，也是一种价值观的培养，要和你的专业结合在一起，不能为了思政而去思政，为了课程思政而去课程思政，这样效果不好。一定要强调教师的教书育人的责任。既要做"经师"，又要做"人师"。

吕：那您觉得如何才能发挥我们思政课的更大的作用，去服务整个人才培养？怎样通过评价有引导？

SX1：我们现在的思政课就是局限在怎么上好课、怎么有个好的课程评价上。前面我好像也提到了评价体系、评价提升的问题，这个评价怎么引导？到底评价什么？是评价这一门课讲得怎么样？还是评价这门课在学生的成长成才过程中发挥了什么作用？我觉得两方面都要评，但是往往在实际的操作过程中，只评价第一个方面，这样的话，只会更重视形式上的课程建设，就像前些年一些国家级、省市级精品课程建设，大家做了很多，放到网上去，放到平台上去，但是真正起到了怎样的作用？其实大部分都是形式，都是给专家看的，用于项目检查评估的。而实际的效果到底怎样？所以呢既要评价课程本身、教学过程本身，也要评价课程对人才培养的实际效果。这个评价不仅仅是课堂的评价、校内的评价，甚至是涉及学生毕业后到了社会上，用人单位对这个学生的评价。

吕： 对，必须有一个时间跨度才能得出实效来，而不是局限在45分钟里面。

SX1： 对，关于评价的导向要研究，当然，怎么能做好评价，也是需要研究的。尤其是第二个方面的评价，指标体系怎么设置？怎么真正发挥好思政课的育人功能？我觉得最主要的不是让学生背一点基本概念，背几个标准答案，而是要让学生掌握正确的观点和方法。比如我们讲马克思主义哲学，既是世界观，又是方法论，你掌握这种世界观，学会这种方法论，这是最根本的。但不在于你一定要背矛盾的特殊性是什么、矛盾的普遍性是什么，这些你理解了就行了，关键是怎么去使用它，是吧？一种积极向上的世界观，除了对人、对事、对社会、对世界的态度之外，还有包括实事求是的实践，按规律办事，最根本的就是要掌握这样一种正确的世界观。同时还要形成一种正确的价值观。价值观和世界观是连在一起的，是吧？你的价值导向什么？它一定是和世界观连在一起的。另外就是方法论了。要培养学生分析问题、解决问题的方法。让学生树立了正确的世界观，掌握了正确的方法论，对他的人生道路会起到非常积极的作用。比如上思想品德与法律修养课，很多老师一上课都讲法条。我觉得这不行。思想品德就是我们的道德，是吧？我们做任何事情，都要有道德底线，有一种心灵的自我约束，要形成这个底线。然后往高了我们怎么追求？"大学之道，在明明德，在亲民，在止于至善"，我们向善的时候，最高的境界是什么？既要保证底线还要崇尚道德，这就是思想品德课，可能这就是这门课的核心，教给学生这样一种精神。讲法律基础呢，往往就是教法条去了。我觉得我们要教学生一种法治精神，这是最重要的。如果遇到什么事情，他自己就会用这样一种精神去判断做这件事情是不是违法。他把握不准的时候，自己会去查法条。所以首先要树立法治精神，这才是重要的。但是我们往往在教学过程当中，只注重了点，而忽视了更高层面的东西，这也是我们一些课程不受学生欢迎的原因之一。

吕： 只讲述一些点上的东西。

SX1： 对。缺少一种大的方向、大的趋势，是吧？

吕： 有位老先生也讲了,方向比努力更重要。

SX1： 培养了学生这样一种世界观、价值观与方法论,给他们一种科学的精神、法律的精神、道德的精神,对他以后的成长、未来的事业发展都有帮助。

吕： 他能够掌握这些,以后都不会有什么问题了。听您这么讲,我觉得非常透彻。

SX1： 我本科学哲学,博士是思政专业。

吕： 我听了特别过瘾。

SX1： 这只是我自己的一些感受。

吕： 感谢感谢,您学校这边还有没有比较好的案例啊?

SX1： 特别好的也没有,因为我来这个学校刚一年多一点时间。我可以讲几个案例。第一个是某一门思政课,我把它分成几个大的专题,在每一个大的专题下,又分成很多个小的项目,让学生去做不同的项目。可以提前一两个月就布置给学生,然后学生去准备,比如说讲经济的时候能分成很多的问题、很多的领域。学生们可以利用假期,回家的时候或者其他的时候,去做调研,去收集资料,形成一定的成果,然后课堂上大家一个小组一个组地汇报,让其他小组来评论。通过调研、讨论,学生会有一种深刻的体验,理论知识能在实践中升华。第二个案例是教学模式方面的,我让学生们采用翻转课堂,做得也不错,有点和前面所说的类似,只不过是到实践当中去,环节少一些。比如说讲人生观,老师可以给出很多资料,也提出一些问题,通过课程的公众号、微信平台提前两周推送给学生。学生也是分小组的,不同小组做不同的项目、专题。然后大家进行讨论,最后形成比较一致的观点,写成报告。这不仅可以改变课堂的枯燥、纯粹的灌输式讲课,还可以让学生掌握世界观和方法论。

吕： 加强实践性。

SX1： 对,加强实践性。这样的话课堂教学效果会好一些,学生自己去做,感悟会更深一点。

吕： 听您一席话,胜读好几年书了,我回去好好地整理、学习一下,谢谢您!

汇演融入思政课堂

一、访谈对象：GS1（副教授）、GS2（讲师）

二、访谈人：吕小亮

三、访谈形式：当面访谈

吕： 您二位好，我简单介绍下访谈背景。此次调研在全国范围内选了55所高校，发放了2万多份问卷，回收后的有效问卷1万多份，主题是学生思政课获得感。本轮访谈是调研的补充，访谈对象有老师、校长、教务处长、马院院长等，还有我们的思政课老师和班主任。在第一轮的访谈加问卷调研基础上发现了一些有意思的现象，所以就又开展了第二轮的访谈。我们在做课题的时候，发现学生对思政课的感受有很大的差异，尤其是"00后"学生进校以后，我自己也在课堂上问"00后"学生有什么感觉。所以我就在想，你们在上课过程中，对"00后"的感觉是什么？就是一些比较概化的评价。

GS1： 今年不是"00后"刚上大学吗？假设把"00后"和"90后"这两个年龄段的学生作比较，我感觉"00后"比较自信，然后就是自我学习意识还是挺强的，这是跟"90后"的学生之间的区别。我们在与"90后"的学生聊天中发现他们比较自我，但是"00后"学生不同，他们上完课后会跟老师交流，我们经常在一起交流，他们比"90后"学生呈现出更多的自信，在课堂上的发言也比较积极，还有就是能表达自己对某些事情的看法，并且比较符合我们思想政治教育的导向，是一些正面的东西，但是也不乏有一些比较世俗化的东西影响他们。我们老师之间也经常会交流这些,我们就感觉这两代学生相比的话,感觉不一样,"00后"更多地在表现他们的优势和特长,这一块可能更加有利于教学。因为老师讲课时,他们也特别认真,课堂发言也很活跃,然后在发言的过程当中有自己的想法,这个想法相对来说还是挺成熟的。这是我的一些感觉吧。

GS2： 我就补充一下,我觉得刚才GS1老师说了很多。就是这些孩子还是不一样的,吕老师的访谈问题设计得很好。因为在课堂上,学生其实也分为好几类的,有一部分学生特别积极和主动,还有一部分学生他就属于随大流的,所以"00后"的学生也有不同的特点,而且跟他所学的学科也是有关系的。比如说这几年我一直带文科学生,文科学生在思政课上的表现就特别好,很活跃,很积极。不管是对分课堂,还是我们学校一直在研究、探索的实践课堂,学生的参与热情特别高。还有我们艺术学院的一些学生,他们参与的热情也是特别高的,因为我们的实践课堂会结合我们的专业特点去做这些东西。

吕： 我特别想听这些东西。

GS2： 我们实践课就是结合学生的专业特长、学生自身的特长,然后去做实践。比如说我们会让音乐学院的学生去唱红歌,他们唱得特别好;舞蹈学院的学生就让他们去编排一些舞蹈,像这次为庆祝改革开放40周年编排的舞蹈节目"春天的故事",展演的效果特别好。我们还会让文学院的学生、新闻传播学院的学生去搞那个时政要闻,时政要闻是我们学校自己探索的,就是每堂课利用课前5分钟时间让学生去关注新闻,然后把这些东西讲出来。我发现文学院的学生和新闻传播学院的学生,他们参与的热情是特别高的,理科的也是,并且男生女生关注的点是不一样的。理科的男生,他们关注的都是什么？比如说今年上半年世界杯,就有男生跟我说,老师我能不能多讲一点？我说可以,因为这个世界杯是好多天,你可以把它综合一下,把你的看法和观点都摆出来,结果那个男生就讲了近20分钟,把世界杯的整体情况给介绍一下,那个课堂效果我觉得特别好。因为他们是理科的男生,所以对这个特别感兴趣。我的"马原"课,主要带的是文科生,我发现文科生跟理科生的差别是非常大的,所以你刚才说"00后"大学生的特点就是从不同的学生、不同的专业以及他们的性别,还有他们各自的学科特点都是不一样的,还有本科生和专科生他们也是不太一样的,本科生自主学习的主动性要高一些,专科生相对弱一些,但不是绝对,为什么不是绝对?因为我也带过经管学院一个专科班,我发现他们也特别热情特别积极,而且那种参与力度不亚于我们的本科生的,所以我只能说还是相对的。

吕: 这个很有意思,您的这种说法跟我的调研结果可以相印证。我想问的是您的感受,您有没有去找过相关的文献或者理论来印证?

GS2: 文献和理论的话,没有研究,这个是我这几年教学过程当中的一些直观感受,其实我也想做这方面的调研。

吕: 您说的这个,我特别想知道为什么?就是我刚才讲的面向1万多个学生的调研,然后数据出来之后跟你说的基本一样,男女生的数据表现是完全不一样的。然后不同的学科专业的评价也有显著区别,还有呢,就是你刚才讲的专科,但我去调研的只有本科,他们更显著的是在年级上的区别。大一和大四,大一和大三,表现都不一样。还有就是他们的经济条件,上课时,大家坐在一起,你也不知道经济条件这个人怎么样、那个人怎么样。但是在做各种调研的时候,会发现他们个人的成长和家庭的经济条件,对他们思政课的感受也会产生影响。

GS2: 我看出来了,为什么呢?因为我们教材现在改版了,我让学生讲一讲新时代,结果有个男生他就跳上讲台,我说给他5分钟时间,他却讲了十几分钟。他就说他认为新时代是这样的是那样的,他有他的观点。从他的穿着打扮、他的言谈举止,你可以看出来,他绝对来自一个经济条件比较好的家庭。这些孩子,他的原生家庭对他的影响也是特别大的,因为他从小就关注这些,所以他综合能力明显要强一些,包括他的这种政治素养也比较高一些。

吕: 对,就是这个。还有就是学校影响,我调研的是公办和民办,公办、民办分组的话,可能也不一样,这个是题外话,就是你讲到这个。

GS2: 还有一个就是老师的引导,我觉得不同的老师采用不同的组织形式和教学方法,学生的反应也是不一样的。还有一个影响因素就是对各种学科的兴趣。比如说我们四门思政课,我和GS1老师带的都是"思修"和"马原",学生对"思修"课特别感兴趣,一个好的专题跟他们的生活是息息相关的,我就把课程分成一个专题一个板块,比如说婚姻观、幸福观之类的,这些跟他们的生活紧密相关,所以他们就特别感兴趣。在刚开始上"马原"课的时候，他们对这门课程有一种偏见，认为这门课程很难，所以我一般在上"马原"第一节课时就会告诉他们这个课我怎么上，我会先给他们进行讲解，讲解完之后，我会播放以前指导学生做的那些作品，告诉学生生活中怎么运用"马原"，我们搞板块教学。我和 GS1 老师也讲马哲这一块，所以我就告诉学生马哲怎么运用，怎么和你的生活紧密结合。你不要把它当成一种形而上的东西，要让它从理论回到实践当中去。所以学生慢慢地喜欢上这门课。我觉得转变理念的问题还是很重要的，如果在第一节课上扭转不过来，认为这门课就是理论类的课，是一门很难学的课，情绪上就会有抵触。

吕： 这是一方面，我想问一下，一些关于如何提高学生的获得感方面的，GS1 老师有没有比较好的建议，就是对整个能够提升学生这种感受的？

GS1： 我没有补充了，因为我们这一块也是一个团队，这一块的情况特别多样化，针对不同的学生，把我们的课程内容与他们各自的专业结合起来。比如说美术学院的学生在上"马原"课的过程当中，让学生把他们理解的这些东西画出来；音乐学院的学生就让他们唱出来、跳出来；新闻传播学院的学生就让他们拍摄视频；还有法律专业的学生，就把法律的内容与传媒学院的技术结合起来。

吕： 你们现在课还是按照学院分开在上吧？

GS1： 嗯，但大课是在一起上的。

吕： 不是全校性的，是吧？我的意思就是并不是学生自己选课，然后形成一个课程班，不是建制班。

GS1： 我们现在是排课，不是选课，我们还是排课的。

吕： 我的印象当中我们都是选课的，学生是来自全校各个学院各个班的，我觉得像你们这种方式很好，就是至少学生的来源大体是比较清楚的。

GS1： 对。比如说，这学期我的"马原"课就涉及音乐的、新闻的、数媒的，反正就是几个学院合在一块的。还有是我们学校搞艺术的学生多，艺术专业和其他专业就有交叉，其实更能形成一个学习的氛围。

GS2： 怎么让学生进行合作，这是我们的实践概念。有一个音乐舞蹈学院的学生指导数学学院的学生，给他们排练合唱。所以我们学生的协作精神特别好。还有那个法律专业的学生跟传媒学院的学生拍的法治宣传片，还获奖了。还有我们文学院学生搞的情景剧也特别好，去年拍了一个爱国的情景剧。我希望思政课通过这种形式让学生参与互动,让学生加强实践。

吕： 你刚才讲的那些非常有特色,相关材料能不能给我学习一下?

GS2： 可以。

吕： 文字材料有没有?一次实践大概多长时间?

GS2： 文字材料没有,时间大概5分钟,参赛的那个5分钟,有些弄了两个,他们最后排了一下。

吕： 那个视频,我学习下,最好都有文案。

GS2： 这个视频也是我们学生拍的,就是结合法律制度,每周要闻。

吕： 这是每周要闻吗?

GS2： 这个每周要闻啊,形式不一样,它把每个月的法治热点全部汇总在一块,让学生自己去感受,而我们上课的时候展示具体的一个热点新闻事件,然后学生一起讨论。期末还会有一个展演,我们以前期末会抽出一些学生的优秀作品放到舞台上去展演,有各种形式,每年都切合一个主题,比如说今年是马克思诞辰两百周年,就围绕这个主题框架。

吕： 所以也花了很多时间和精力才能做出来。

GS1： 对,通过我们这么多年的探索,在实践教学方面也有一些经验的,比如我们的每个要闻点评、学生拍的情景剧等。

GS2： 还有学生画的画,排演的节目也会采用晚会的形式把它展现出来。

GS1： 比如说今年关于实践教学,我班上有个学生,他在课堂上问我们学生食堂打饭的时候特别拥挤,对打饭一拥而上的现象,应该怎么解决?我说我们学校现在搞校园文明建设,你们组织一些同学组成一个学习小组,现在他们正在筹划,准备写一个项目策划书,联合多方力量能让排队打饭形成一种良好的风气,让每个学生都懂得秩序和尊重,这些都是有好处的。

吕： 这是联系实际生活啊。

GS1： 对,在我的课纲当中,我可能把这个搞成实践教学,还有部分学生也在筹建拍他们的情景剧。

吕： 那这些是在课内完成的,还是在课外?

GS1： 我们没有课堂内外之分,我们在课堂上给学生布置,学生在课外完成的。

GS2： 是这样的,我们有三个形式,一个叫课堂课内时间,一个叫课外时间,一个叫期末汇演。其实期末汇演呢,主要就是我们在上课的时候,利用学生的专业,联系思政课去搞实践。课外主要是 GS1 老师刚才说的,我们和团委的社会实践第二课堂,像去年的时候,我们张老师的学生到我们那个叫哈达铺的地方去了,还作了演讲。

GS1: 可能大多数都采用这三个形式。

GS2: 我们也进行过诚信考试的宣誓,GS1 老师还组织他的学生帮助清扫校园,让学生通过参与社会实践、体验社会实践,所以这个属于课外实践。期末汇演就是刚才你在上面看到的那个板块。这几年展示的板块特别多,像去年我们美术学院学生去三亚,去安徽画那里的水乡,特别漂亮。画画出来之后,我们就和音乐学院学生的古筝表演结合起来,GS1 老师取了一个特别美的名字叫"画笔下的美丽中国,旋律中的和谐社会"。这个节目呈现的效果也特别好。所以我觉得思政课啊,绝不是那种很枯燥的东西,应该叫大美思政。

吕: 我发现你们做了好多工作啊。

GS1: 今天本来是说给我们 5 分钟时间把这些东西展示一下的,但是不是时间安排得太少了?其实在实践教学这一块,我们足足搞了 12 年。

GS2: 我们把这 12 年的汇演报道,全部汇集起来了,还有我们学生的作品,我们实践改革中的一些尝试、一些做法,全部合在一起,其中的一部分比较有代表性,待会儿 Z 老师应该会送上一本,然后再配一张光碟,里面有我们的一些节目。

吕: 采访这么多学校,你们这里最丰富。你们现在团队的整体情况怎么样?就是师资力量这一块,全院有多少个老师?

GS2: 我们的思政课教师,现在总共 18 个,其中包括几个从法律专业转过来的。因为今年我们学校进行了一次专业整合,有一部分教师转型,有 4 个是从法律专业转过来的,原来我们是 14 个。虽然教师不多,但是从师资结构比例上来讲还是比较强的,我们的教授比较多,副教授也比较多,讲师比较少。

吕: 教授 7 个,副教授 6 个,讲师是 3+2 个,正好是 7+6+5。没有比例的限制吗?

GS2: 现在暂时没有。

吕: 那你们学生有多少?师生比例是多少?

GS2: 我们师生比例达不到标准。

吕：现在也还达不到的？

GS1：我们有上万名本科生。

吕：那你们师生比大概是1∶500。

GS2：差不多。我们都上大课,上学期,我们马原课要带一千个学生。

吕：有些学校算下来的话也有1∶700到1∶800。

GS1：那也比较厉害。你们调查得比较多,可能这是一个普遍性问题。

吕：你们教师里面有博士吗？有多少？

GS2：有,4个。

吕：那也算可以了,都是新老师？

GS2：不是。只有两个新教师。

吕：那你们现在课程团队建设都是教研室还是其他形式？有没有跨学科、跨课程的？

GS2：这个就有点复杂,为什么？因为我们马院才刚成立不久……我们一共有5个教研室,团队建设方面可能还刚起步。

吕：嗯。备课的话,是集体备课还是各备各的？

GS1：我们先各备各的,然后再集体备课,定期会召开集体备课会,这个集体备课会现在也制度化了。

GS2：四门课程都有,在平常我们的交流也比较多。

GS1：比如说课后几个老师在一起吃饭,吃饭过程中其实也在交流上课内容。最近不是搞那个对分课堂嘛,在做的过程中也遇到好多问题,然后老师们在交流过程中,就想到一些方法来解决其中出现的一些困惑和问题,我觉得这种交流方式也挺好的。

吕：除了备课这么一个形式,对于课程的整个规划设计有没有宏观的思考？

GS1：有,我们在每学期开学的时候都会有一个讨论,对宏观设计作一个大致的把握,然后再讲各章节的把控点,但是因为每个老师专业背景不一样,对有些东西把控的点就不一样。

吕：还有就是内容和方法,就是课程的某一个章节中,那有没有哪个章节是学生特别难以理解或者教学中比较难的？

GS2：这个我觉得是非常少的,就拿我上的这两门课来说,学生如果能理解得很深,就往高度上拔,比如爱国是一种很自然的情感,所以说这些东西对于他们来说都不难理解。但是对于"马原"课来说就相对有难度了。"马原"

课我觉得对文理科的学生还是不一样的。文科学生以前学过,所以他们在学哲学的时候,认为可能相对简单一点,但是对于理科的学生来说,他们就觉得相对难学。

GS1: 因为我们这个学校艺术类专业的学生比较多,不像中文啊、经济啊、管理啊、师范的,这些人文社科类专业学生的整体素养高一些,他们对"马原"的理解,你只要讲一点他们就能够明白。这就对我们老师提出了挑战,你可以把那些原理,用特别生动活泼的故事案例展示出来,要把旅游啊、音乐啊、表演舞蹈啊,这些内容全部用到思政课的内容里。我今年在继续探索,这个时间也比较紧张,我就是有这个想法,我要改变教学的实践。

GS2: 我虽然没有带过人文社科类专业的学生,但是从他们的试卷中可以看出来,他们这个群体的政治素养普遍较高。

GS1: 辩证唯物主义这一块可能简单一点,因为学生在高中阶段已有涉猎,历史唯物主义这一块相对来说难一点,但是就整个体系来讲,因为学生在高中阶段所接受的知识都是零散的。我们要把它系统化,就是为什么你要相信它,它的科学性表现在哪里?我觉得在这块方面要讲得多一些。

吕: GS2 老师觉得哪些地方比较难的?

GS2: 就是我刚才说的政经比较难,但是这个对经管学院的学生来说,这一块他们都没问题,但新老学生在这块的表现还是不太一样的。

吕: 对经管专业的学生来说,这个完全是他们的专业领域,对吧?

GS2: 跟经济学结合起来,学生就会发现很多相关联的地方。

吕: 对。就是跟他专业学科联系比较紧密的,他还有既往的学习经验在里面,学习理论里面是有的。内容这一块,我前面听你们讲了很多的,比如说那个时政小品,还有包括论文点评、排队打饭等问题的实际案例,其实都是内容创新的一个部分,是吧?

GS1: 我们还有个学生,说我们校园有很多流浪的猫和狗,要保护流浪狗,保护流浪猫。我问他打算怎么弄?关键是要实践的,你不能只弄个方案给我。他说他们已经与宠物协会的人员联系好了。我觉得这个挺好的,让他们好好去做。

GS2: 其实我觉得,我们思政课主要的教学目的有一个场景问题,就是我们教育部说的那个身心喜爱问题,这就涉及一个教学评价的问题了。改革应该让学生受益,因为我们现在讲的东西学生暂时不一定能理解,但是可能以后他们踏上社会,遇到一些突发状况的时候,他就会明白了。

吕: 老师的教学当中都也会遇到这个问题是吧?比如其实当时我不喜欢,结果等我长大了之后,发现自己当时是错的,对吧?还有就是当时自己很喜欢的课程,老师也很风趣,结果几年之后发现全忘了,可能一点印象都没有。

GS2: 所以我觉得这个东西怎么扎根到他们心里面去,是很重要的。让他们自己去感受,就像我那一年指导学生去发现那个质量互变规律,我让他们自己去找,找找这个质量互变规律跟自己生活有没有联系,结果学生找到了质量互变规律跟自己平时学习的关系,比如说背英语四六级的单词,这是一个积累的过程,一天记一点,当词汇积累到一定程度的时候,就能突破四六级单词大关;再比如说有的学生抽烟,一天看不出问题,两天看不出问题,时间长了,可能就会对健康造成很大的损害。这就是他们找到的质量互变跟实际生活的联系。我觉得我们思政课就是一种育人的工作,就是要把我们的理论和学生的实际切切实实地结合起来,而这个实际就是他们生活中的实际。当他们学了马克思主义哲学原理之后,能够运用到生活中去的时候,我们的教学效果就达到了。反正这就是我自己的一个想法,也不知道对还是不对,但是我的想法就是这样子。我觉得思政课老师不仅政治理论素养要高,同时还要知道怎么把这些理论与你的生活更好地结合起来,对吧?

吕: 是的。你们现在课程的形式,是大课比较多,还是中小型的课堂比较多?

GS1: 小课堂实现不了,因为我们老师的数量不够。现在应该是中型课堂,就100到150个学生,3个班。马院课上的学生多,可能明年会有所改变的,马院现在一堂课有时有200个,大多数时候是150到200个。

吕: 这个是你们学校的个别现象,还是普遍现象?

GS1: 其他学院的情况我们不了解,我不知道。我们主要是指马院,因为我们的师资不够,马院就14个思政老师,明年会来3个……这样应该会缓解很多。

吕: 课堂上面的互动,除了刚才您讲的讨论式,包括我们今天讲的对分课外,还有什么其他的互动形式吗?

GS1: 我现在重点在搞对分课堂,把对分和我们的实践教学结合起来,课堂内真正地实现师生互动,课堂外呢,就是实践教学,每个班的学生按照自己的兴趣爱好，各自组织学习小组，针对喜欢的主题，选择一种适合自己的方式，把所学的知识按每章内容内化，这学期我主要采用这样两种形式。

吕： 我觉得对分课堂应该是蛮好的一种形式，但是反过来讲任何设计总有一个发展过程，比如说一个学期19周课或者是18周课，但是在前8周的时候很好，到后面10周的时候，学生一旦适应了这种模式，体验上的新鲜感过了之后，他就会进入疲态，这种你们有没有办法？

GS1： 你说的这个问题，目前来说我们也正在研究，还没有涉及像你说的这么远的问题，但是我是这么想的，就像刚才说的，我们有这么多好的做法，不是所有的学生都参与，我们也是去调动那些有学习积极性的学生，我们老师也不是所有都去参与，学生也同样如此，是不是？那些善于学习的、善动脑筋的学生，经过老师的点拨，就会有很多的想法，可能就会形成一种思路。所以你说的这种我还真没有往那边去想，还没想过当学生习惯了这种固定模式之后，他会厌烦的问题。

吕： 但新鲜感总会过去的，是吧？

GS1： 那我们只有在实践当中进一步去探索，我们也是刚刚起步去探索适合学生的也是适合我们老师的新的教学方式。

GS2： 其实我觉得教无定法，贵在得法，科学方法一定要为学生着想，就要量体裁衣，不同的学生有不同的教学方法。具体实践过程中，我们可以让它百花齐放。我们思政课必须要改革，为什么呢？我问过一个学生，那个学生说他不喜欢传统的讲课方式，他说隔壁班的课讲得特别好，然后他就去听，每次都觉得那个课堂里的掌声特别多，他觉得这种差距特别大，他也没告诉我这位上课的老师是谁。但是从学生跟我说话的语气中就可以看出来，他们喜欢能用一种他们喜欢的方式来上课的老师。其实我上课时各种方法都在采用，包括慕课，我每学期开学都会给学生推荐"中国大学"的课，还有清华大学的"学堂在线"，每节课就几分钟，我说你们没事就去听，如果我上课讲的没听懂，你下课后接着听那些老师讲的，那就是慕课，实现课上课下共享。我还会经常给他们推荐很多阅读材料，我觉得只要是能够有利于学生吸收课堂内容以及非常有帮助的，我都会去用去推荐啊，不用确定形式，必然会出现一波一波新的教学方式。但你要说过去的那些好的、经典的东西，等新事物出现的时候，它一定会被淘汰，我觉得不一定，因为它有它的优势，一些传统优势。

吕： 那现在对学生学习情况评价这一块,你们怎么做?

GS1： 对学生学习成效评价,我们可能通过考试,好像公共课都是按期末平时五五开。

吕： 就是现在所有的这些4+1都是五五开?那你们形势政治课怎么考?

GS1： 我不上形势政治课。

GS2： 我也不上,你待会可以问Z老师,他知道。

GS1： "思想修养",我们以前是开卷考试,今年改闭卷考试,对吧?"马原"也是闭卷,"近现代史纲要"也是闭卷,"毛概"也是闭卷。就形势政策课可以当作考查课,因为我们都没带过形势政策课。我们其实特别重视平时的这50%,里面就包括实践课,我们的初衷,就是让学生守纪律,包括平时的表现,都会一起记录在平时考核里面。因为我觉得思政课跟其他学科不太一样,所以对平时成绩特别重视,这个平时里面有考勤、有课堂作业,还有课堂上的提问表现和课外的实践教学。

GS2： 实践教学那三个都包含进去,包括他们期末汇演。

GS1： 其实我们在实践教学这一块,学生投入的精力非常大,我们一般在后面的考核过程当中会有所倾斜。

吕： 对,应该的,因为他们课外时间花了很多精力。

GS1： 要把他们的积极性提上来。

GS2： 有的班整个班级的积极性都比较高,你们刚才看到那个新闻,去年6月份的时候,我们那里下大雨,他们就在通道那里练着,所以,我觉得这种才应该要予以奖励的,应该特别肯定这些学生。

GS1： 今年上半年我带的那几个学生们,他们拍一个情景剧,叫"马克思主义来中国",学生们真的特别辛苦,就一个星期,每天晚上都在排练,还自己掏钱买东西,不光积极性高,最后呈现出来的效果也不错。

吕： 马克思主义来中国,这个要考证历史的。

GS1： 他们把这个弄得挺好的,一共五幕剧情,它是怎么诞生的,然后怎么来到中国的,在战争过程当中不是遇到了很多困难吗?然后又怎么在中国传播的,最后一幕中国共产党诞生。

吕： 对,那个不容易的,得花时间和精力。

GS2： 这就是刚才你问的那个问题,学生评价如何客观分析和验证,我们的学生从大一上思修课开始一直到大二的那个毛概课结束,有的班级有的同学,他们一直保持一种很高的热情,越参与他越高兴,越高兴他越要参与,从大一到大四一直在参与。

GS1：我带过师范学院的大一,我第一次带他们的时候,说要把它们那个节目砍掉,当时学生就说不能砍,他们好不容易排出来的。我就说你们如果排得像个样子,就让你们上,不像样子就砍掉不让。学生就晚上连夜练,后来我就让他们上了,大二的时候他们又继续排节目了。

吕：你们是一个学期一次汇演,是全校汇演还是学院内汇演?

GS2：全校汇演。大型汇演一个学年一次,小型的比较多,比如学术会议,都会有表演,但主要根据每个老师上课的安排。冬季的时候一般是小型的多一些,室内的。今年是一次大型的,夏季的时候我们学校现在也在搞课改研究,校党委书记还提到的,他自己今年也上舞台,跟我们一起朗诵 GS1 老师原创的《永远的马克思》那首诗,我们老师、学生、校党委书记和各学院的书记共同来朗诵、共同来演绎。

吕：你们谈得特别好,我记了好几页纸了。

GS2：尽职尽责。

吕：所以越是深耕课堂的,越是能够有感受。

GS1：对,我们也希望你们通过这种调研,把学生们的这些东西挖出来,把老师们的经验挖出来,然后找到一种更好的方式,把这个课上得更好。

吕：谢谢。

分层分类教学是趋势

一、访谈对象：BJ1（副教授）

二、访谈人：吕小亮

三、访谈形式：当面访谈

吕： 现在学生的分类是怎么样的？

BJ1： 一般分三类：第一类是坐最前面的，那些就是很认真听课的；第二类就是一边干别的事一边听课的，比如一边做数学作业或背外文单词一边听课；第三类是根本就跟课堂脱离的，比如在打游戏或者就是看手机上各种节目的。我觉得基本上就是这样的三类。

吕： 这三类学生所占比例大概是多少？

BJ1： 认真听课的应该是不到三分之一。这样讲吧，如果按一百个学生来分的话，特别认真听课的就是二十多个学生，边听边玩的大概是四五十个学生，这两类学生加在一起约占70％。

吕： 您觉得对学生来讲哪些方面比较影响思政课学习？

BJ1： 我觉得可能是专业。学文科的和学理工科的学生的反应就不一样。学文科的学生大多数比较感兴趣，学理科的只有少部分学生比较感兴趣。现在高中阶段都开设这个课，但是中学阶段的课和大学的课是完全接不上的。特别是理工科的学生，他们在高二考完试后，高三就不再接触这门课了，所以理工类的学生除非他学习习惯特别好，不管懂不懂，他都会去学；另外一种就是他对这个感兴趣，他要学。而文科学生，一个是他们有这个基础，所以能听得进去,另一个就是他们以后要参加的各类考试都会涉及政治,比如公务员考试、职业考试、考研等,都会考到相关内容。

吕: 就是专业这方面。

BJ1: 对,专业影响还是比较大一些。然后就是年级方面,就从一年级来说,因为一年级学生相对要乖一些,他们会听得比较多。

吕: 那你觉得受家庭经济因素的影响大不大?

BJ1: 对思政课来说,我觉得影响不大,我没感觉到。另一个就是怎么让学生有获得感。

吕: 这个呀,刚才有位教授讲的那句话特别好,就是"让思政课为学生所用,而不是让学生为思政课所用"。就是教师要把思政课变成学生成长平台的需求,能让学生有获得感。那我就在想,在你讲任何问题的时候,能把它们和学生的实际需求结合在一起,学生就能听得进去,否则就听不进去,觉得对自己有用的时候,他们就会有思维的拓展。就是围绕大家的需求来讲。

BJ1: 还有一个,我感受较深的就是一定要鼓励教学,不能因为学生对思政课的排斥,就跟学生渐行渐远。我感觉我们一定要沉住气去争取学生。要能争取学生,一个方面就是你得讲学生需要的东西,另外一个方面是你得鼓励学生。比如说教师在课堂上讲的任何一个问题都可以找到一个角度去鼓励学生,你鼓励他们,你就可以争取到学生,学生也可以从这里头获得一种自信,获得一种认可。其实我觉得学生的获得感不一定就是从思政课教学内容上、你教给他们的一些理论知识上感受到的,他们可能通过回答问题、通过讨论或者能力的培养等方面产生一种获得感,这也是对你课堂的接受和认可。我觉得从这两个方面来讲,一方面是教学内容,另一方面就是学生的认可。

吕: 嗯,从学生需求视角去设计教学供给很重要。那教学团队这方面呢?

BJ1: 教学团队这一块,我觉得现在存在最大的问题,可能是文科的协作。文科跟理科不一样,理科做实验一环扣一环,你的实验我的实验可以一起来做,合作性特别强。但文科做课题,大家各研究各的,各写各的。我不知道你们是不是这样?虽然我们申报一个课题的时候是由团队来申报,有教学团队建设,但是我觉得实际做事的时候基本上都是一个人在做,其他人能给你提供一些资料已经很不错了,沟通交流协作太少了,很难形成一种真正的合力。比如说我参与了我们思政课教师团队的建设、实践教学团队的建设,现在都结题了,还都获奖了。但是说实话我内心是很不满足的,就是我觉得并没有通过这个团队的建设形成一种团队的合力,也没有在团队建设上有多少建树,无论是这个团队的成员还是课程建设,其实都是在单打独斗。这是我个人的感觉。

吕: 备课啊什么的都是老师自己来?

BJ1: 没有。这两年我们很强调集体备课,我们会在团队里指定一个老师来负责给任课教师说课,说课以后老师们就相互讨论,最后形成一个统一的课件或方案。我觉得从这一点上来说,这算是创设团队做得最好的了,因为那是大家都上过的课。但在科研方面、课题方面就是很难,我可能主要强调科研。

吕: 学校整体的教学力量这一块怎么样?比如说整个马院有多少思政老师?

BJ1: 还是比较弱的,因为我们是一共才15个思政老师,再加上十五六个兼职老师,但是我们面对的,是4 000多个学生。我们的课堂基本都能控制在100人以内,就是80~100人。

吕: 嗯,这个还好,有的学校是150人。

BJ1: 150人、250人我们基本没有,我们基本都在100人以内,除非特殊的情况,比如老师生病啊什么的,就是调一下课,但总体来讲还行。

吕: 那教学方法上,像今天讲的这个对分课堂也会用吧?

BJ1: 对,我觉得对分课堂真的挺好的,但是我现在也没有尝试,我真的不知道效果能不能达到那么好,我不知道学生是不是都能够真正做到读学、真正参与这种讨论分享,能不能全员做到。因为我们也常问这些问题,我们也尝试问题教学,我们甚至当场提问,给学生几分钟时间的思考,我觉得要求太高了,几分钟时间,有时候我们都想不明白的很多理论性的东西,学生以前没接触过,他们是想不出来的。所以我们后来改为提前一节课把问题给到学生或者由学生自己提问题,第二节课时让学生来讲,个别的学生能讲出些东西来,个别的学生什么都不做,大多数的学生在干什么?混日子。于是我们就分成小组,但小组成员里就这么几个人在做,其他的基本都是在混。我不知道你们那里的对分课堂效果怎么样,但就我现在的认知来讲,适用于思政课的教学方法,"灌输"是一定要的,虽然现在一直说"灌输"很过时,但是讲理论的时候就是要"灌输",但是"满堂灌"确实是不能要了,一定要以各种形式让学生参与。还有一个我觉得要提出的是视频。

吕： 视频?

BJ1： 今天很少有老师提到这个。课堂上适当地播放视频具有很好的效果,我们现在允许老师每节课放 10 分钟左右时间的视频。我们的课堂是 50 分钟一节课,两节课连上的话比你们要多 10 分钟,像广东、广西这边的课堂好多是 40 分钟一节课,我说我们两节课要比别的学校多出 20 分钟时间,这 20 分钟,我们可以用来放视频,因为上课时老师讲得再精彩,也没有视频拍得精彩。我觉得还要特别强调的就是老师必须要讲,再一个是学生必须要参与进来讨论。千万不要认为这是老师在"偷工减料",我感觉这样效果还挺好。我觉得思政课培养的学生一定要关注时事,你不管是上哪一门课,学哪个专业,关注时事,闻天下事,这是应该的,是吧?所以我们就要有个学习时事视频的环节,我们会提前安排好小组,让他们来做。时事视频播放完后,必须要有对这个时事的述评。比如说重庆的那个公交车事件视频就几秒钟,放完后,我们就让学生来谈自己的观点,每个小组五六个人,每个人都要讲。这个时候的参与度很高,学生能表达,而且兴趣很高。再一个就是我们的问题讲述,但是问题讲述与视频的效果比起来要差一些。因为只有一部分学生感兴趣,能讲出一些东西来。

吕： 这些问题是从哪来的? 是学生自己生活当中的问题?

BJ1： 我会提前布置给他们讲什么专题,让学生提出问题,这是我选择的学生必须掌握的核心问题,让学生自己作回答,再进行点评和讨论。我们现在的互动基本上就是这样的。

吕： 这个时事述评,和另一所学校的每周新闻播报有点类似。

BJ1： 嗯,有点类似,但是我不要光播报,我要的是评述,所以我叫时事述评,重点在评而不在述。然后每个学生要交作业,作业内容不用给我述,只用给我评。

吕： 还有教学组织这一块,除了你讲的 100 人左右的课堂,还有没有其他的一些课堂形式?

BJ1： 基本上都是这样。

吕： 其他学校有关于实践教学的,里面会有一些变化。

BJ1： 我们也有实践教学。我们的实践教学都是在课外的,做得也挺好。我们每门课有一个品牌化的活动,我那门的叫"明德杯";历史课的叫"明志杯",读史明志嘛;原理课的是"明理杯",理越辩越明;概论课取自实事求是四个字,叫"明是杯",就是这样设计实践教学活动的。

吕： 嗯,四门课是全部设计好了的?

BJ1： 全部设计好的,我们的学校要求课堂内容教学和课外实践教学相结合,实践教学主要是这四个品牌活动,每个学生都要完成的。除此以外,我们每一个课程后面有一个协会支撑,还有社团,社团成员由思政部和学生组成,主要是思政部,还有团委。学校各种活动内容都由我们来指导,经费也由我们来支持,就是想让我们这些实践课程有一个延续。

吕： 那这个活动是以竞赛的形式还是以活动的形式开展?

BJ1： 基本上都以竞赛的形式,就是我们讲的竞赛加激励。"明德杯"主要是电子作品,就是微电影啦,或者 PPT 讲演啦、VCR 啦,反正就是学生自己创作内容,这些电子作品也可以通过屏幕、电脑展示,我们有个评选;"明志杯"呢,主要就是历史知识竞赛,一轮一轮的知识竞赛;"明理杯"呢,是一轮一轮的辩论赛。"明是杯"主要是社会调查。所有的竞赛,都是先从课堂开始,然后到系部、到院校,再到学校,最后评出优秀作品。

吕： 那学习评价这一块呢?

BJ1： 您说的学习评价主要是指学生对老师的,还是老师对学生的?

吕： 是对学生这一块,就是老师评价学生,主要是学生的成绩怎么出来的?

BJ1： 那就等于考核,那我们这个考核呢,是过程化的综合考核。过程化,就是所有的教学环节都要有成绩,实践教学也会有成绩,期中和期末的考核都会形成各种成绩。课堂教学的成绩,平时的考核占到30%左右,实践教学要占到30%左右,期中期末一起占到40%,可能是三三四这样的一个比例。

吕： 那对老师的评价有没有?

BJ1： 对老师的评价包括这样几个方面,一个是学生的满意度评分,再一个是同行评议,还有一个就是督导评价,由这样三部分组成的。

吕： 学生满意度就是一个问卷?

BJ1： 没有问卷,就给学生一个设置好的表格,现在也可以在网上进行,一项一项地填写,内容有教学方法方面的,也有师德方面的,各个方面都是量化的。还有一个就是同行评议,我们不是都有听课制度嘛,每个老师每学期都是有听课的任务,必须要听够多少节课,然后要打分,综合起来取平均数。还有督导打分,也是取平均分,这些都要记录在绩效考核里的。

吕： 这跟绩效有关。

BJ1：每个都跟绩效有关的。这个存在一些问题，因为学生打分要占到60%，好多老师认为学生打分不够客观，老师管得严了，学生就会给你打低分，老师不管，他们反而给的分数很高。还有就是辅导员上课，底下都是他自己的学生，他的得分肯定高。像我们这种公共课，除了上课，平时跟学生也没有太多交集的，分数就会比较低。

吕：　那你们同行评价和督导评价占多少？

BJ1：同行评价和督导评价整合起来可能不到40%。现在不是说领导也要听课嘛，还有一个领导评价，然后领导评价、同行评价、督导评价，这三个合起来大概占到40%吧。

吕：　那你们是把它跟实际的绩效挂钩吗？

BJ1：嗯，我们学校那些就是跟绩效挂钩的。

吕：　好，谢谢。

必须更加重视教育对象研究

一、访谈对象：SH2（主编）

二、访谈人：吕小亮

三、访谈形式：当面访谈

吕： 现在"00后"刚进大学，你有没有发现他们的一些基本特点，就是跟"95后"或者"90后"之间有什么不一样的地方？

SH2： "00后"现在因为刚刚入学吧，所以他们的特征其实还没有充分地展现出来，这种特征实际上是在发展过程中逐步显现出来的，对吧？所以要用发展眼光来看，目前来讲我自己还没有感受到。因为现在我们自己没有学生，我们现在的学生主要是一些培训的学员，其他高校的我也没有去接触。所以很难说"00后"和"95后"有什么区别，因为这里面有好多似是而非的东西。以前是十年一个周期，现在是五年一个周期，说实在话，这个都是缺乏科学性的。凭什么这么划分呢？这需要有跟踪式的教育，它需要一定的时间跨度。我们学校青年中心有个数据平台，负责这个数据平台的是一个年轻的老师，她一直找不到研究的切入点，她是学数学的，现在来搞青少年研究，很头疼，她实际上已经纠结了一年多了，我也在帮她纠结。她在一个研讨会上讲了他们所作的一些比较，比如说青年创业方面，青年自身对创业条件的认知，就是你要创业成功需要有些什么主观条件。十年前可能更多地强调的是要有资金支持、要有背景；那么五六年前呢，可能强调个人能力；而现在呢，强调的是要有一个好团队，有一个好创意。同样是这些条件,十年前、五年前跟现在是不一样的,这是一种追踪式的领悟。这位年轻的老师其实也不年轻了,是一名女博士。

吕： 她原来没做这一行?

SH2： 是的,她原来没做这一行,等于从零开始。因为她负责这个数据平台,学的又是高等数学,她在数据分析这方面是很在行的。比如说婚恋观,你把十年前的婚恋观、五年前的婚恋观、现在的婚恋观的变化排个序,涉及哪些因素,十年前什么东西可以排在第一位,现在排在第几位,从这个数据变化中去发掘背后的原因。所以啊像"00后"跟"95后"有什么区别这样的一些研究,我个人始终觉得就是抓眼球的文章,暂时是经不起检验的。

吕： 就是可能还需要一段时间的观察。

SH2： 对。如果说硬要去分析的话,可以通过"00后"他们进入大学以来行为上的一些特点去分析。

吕： 就是观察他们的行为习惯。

SH2： 吕老师,你跟学生接触得多,可以去关注几个班级、关注一些学生。

吕： 我曾经做过一个事情,因为我的课堂互动还是不错的,我就在课堂上让每个学生用两三个词语形容一下自己与同学身上的共同特性。这个课堂里总共有60个学生,每人两三个词语,总共150个左右。然后我让他们自己去分析,为什么会选这一个词。对此,大家都觉得很有意思。比如说"游戏",我们很多老师都认为游戏会对学业造成了很大的影响。但学生们认为必须对游戏有所判断,一个好的游戏不只是脑力的消耗,它是需要团队协作,在游戏中可以体验快乐,能够获得成就感。学生认为我们老师和现在这一代人的区别就是我们可能会坐在一起打扑克牌,而学生则是坐在一起打游戏。

SH2： 那么其实大学也是"游戏"。

吕： 对,这就是不同时代的人对不同东西的表达形式,所以如果从某个角度来讲的话,我们就不能完全排斥,学生对游戏的理解已经发生了很大的变化。

SH2： 以前其实也就是"贴标签",认为游戏是玩物丧志、是浪费时间的,对吧?

吕： 对,是"贴标签"。

SH2： 那么"95后"对于游戏是怎么看的? 这里面其实有一个先天不足的问题。"95后"进校的时候大概是2013年,那个时候你们对他们关于游戏的认知没有研究过,对吧?但是如果你现在去问他们,其实他们已经不是原来的"95后"了,他们的认知当中已经有"00后"的东西了。

吕: 这是肯定的。

SH2: 所以说你现在研究的问题,比如说"00后"的游戏观,我觉得还是非常值得研究的。第一,他们是怎么看的,他们怎么理解和界定游戏的,对吧?可能已经颠覆了社会对游戏的普遍认识了,对吧?然后他们这种游戏的行为是怎么样的?就是他们认知的行为,有些什么特点?这个认知和行为背后的一些深层的原因是什么?那么怎样来精心引导?让游戏能够在他们的成长过程中发挥积极作用,这个其实也是很好的一个选题。现在的这种研究,再过五年就到"05后"或者是"10后"了,那个时候你这些原始数据就派上用场了。这个需要一种长期的跟踪,如果你长期跟踪,几年以后,你就是这方面的专家。

吕: 的确,这个领域目前还是空白。

SH2: 对。这个我跟我们那位女博士也讲起过。再讲一件往事,我原来在华东师大中文系,那个时候我们资料室里有一位资料员,他每天的工作就是抄卡片。只要有新的期刊进来,他就用中图分类法把它摘抄成一堆卡片,然后分门别类。他是一个有心人,资料室里面的角落里有些东西上积满了灰尘,很多人都不会去碰的,但他会去翻。有一天他翻到一个牛皮纸包,弄干净以后打开一看,真是喜出望外。手稿噢,张爱玲的手稿!那时大概是1982年吧,研究张爱玲的人很少,而且整个文学界对她的评价并不高。但是他读了以后,发现不是那么回事情,然后就以这些第一手资料为研究对象,后来成了研究张爱玲的专家。那个时候还没大数据的概念,他就从一些小卡片开始研究。我们现在有了数据库以后,就要善于利用这些数据,可以将历史数据跟现实数据进行比较。所以对于现在的"00后",我建议可以研究一下他们的现实状况,过几年以后变成历史资料了就可以进行共享和分析了。当然这个需要真正意义上的一种田野调查法。

吕: 这种田野调查也可能要跟以前数据结合在一起,然后在教学、在实践当中发现问题。

SH2: 对,很值得做的,我觉得很适合。

吕: 那我们继续。在教师团队建设这一块,就是课程设计这一块,您有没有比较好的建议?

SH2： 实际上我从来没上过思政课,当时学校让我上"应用写作",在教学过程中,我发现这种传统方式的教学是没太大效果的,比如讲各种各样的格式,应用文格式、行政公文格式,讲了以后学生掌握了格式,但是写不好正文。什么原因呢?因为没有好好训练。现在不要说本科生,就是硕士、博士写的论文里,依然有大量的逻辑问题,不光是语言逻辑,连思维逻辑也有问题。我们的教学,从小学到大学,追求标准答案,没有思维训练的,基本上没有自主训练。所以我读过很多这种文章,甚至很多博导的文章,基本概念是不界定的,界定概念是学术研究最基本的东西啊!还有一个就是问题把握不准,就是你为什么要写这篇文章?你发现的问题是真问题,还是伪问题,是大问题还是小问题,对不对?然后问题是不是很合适?比如说"如何成为一名优秀的人民教师"这个问题就不太合适,为什么?因为太大。

吕： 对,这种问题怎么回答呀?十万字都写不好的呀!

SH2： 这是一本书都写不好的,而且它还不是个理论问题,更多的还是实践问题,也未必是合适的问题。所以我们有很多这种所谓的专家学者在这方面不过关,就因为思维训练不够,所以我从1996年开始把这门课的名字改掉了,就叫"独立表达训练"。2003年我出了一本书,书名就叫这个。2006年这门课还参加了团中央精品课程评选。当然,这门课是很难上的,所以我今天感到的最深刻的,是我从1996年开展就是跟学生开展课堂讨论,把课分成三部分,讨论部分由学生进行辩论,我做过20多年的辩论教练。

吕： 嗯,这个像是辩论场一样吧?

SH2： 至于教学课程设计方面呢,到现在为止我们其实还没有什么好的成果。我觉得我们还没有摆脱一种格局,我们老师还是像演员一样的有一个教案、一本教科书,然后按照这个来上课。当然,这个是确实需要的,但是光有这个是远远不够的,因为现在思政教育特别强调老师不要当演员,要当主教练,临场指挥的主教练。

吕： 刚才访谈另外一位老师的时候也谈到这个问题,就是概念。演员概念,看来这是很多人的共识,就是老师不能只当演员,不能一味按照模板演下去,老师得有自己的思考,设计剧本,争做导演或指挥,把课堂从"独角戏"变成"合唱团"。

SH2： 比如说我过去上课讲建立概念和概念界定的基本原理、基本理论,我花了一节课或者半节课的时间,全都讲完了。但我下一次上课的时候,就要让学生当堂练习。我会给出一些报纸上的材料或者网上的材料。记得以前有个网球运动员叫库尔尼科娃,球打得不是特别好,好像没拿过什么冠军,但是当时她的收入在女运动员里是最高的,为什么?她长得漂亮。这里面就涉及一个成才观的问题,对不对?课堂上,我没有任何的提示,就把材料念给学生听,叫他们在 20 分钟之内写出提纲,因为写文章来不及。第一,要阐明你的观点是什么,第二,你的论据是什么。你说这个现象是一个个案,没关系;你说这个现象是暂时的,也没关系。我在意的是什么呢?理由,你要说明理由。我对学生的要求就是要讲清道理,你不能像现在网上的那些灌水评论一样,对不对?你要培养学生讲道理、讲理由的能力,分析问题的能力。只要他的论据不能支撑他观点,他自己就会放弃那个观点,我还用去跟他辩论什么吗?所以我就看他们的论据对不对?20 分钟以后我随机点名,所以学生上我的课很紧张,说白了就是不太喜欢我,因为他们觉得压力大。但是我觉得十年以后这些学生会喜欢我,或者五年以后会喜欢我。所以我以前的学生经常会请我去讲课,他们当年并不喜欢我,但现在知道我教的东西特别有用。所以课堂上我随意点,学生上来读,读了以后回到座位上,我开始点评,点评这个提纲好在哪里,有些什么问题,怎么修改。这些对我来说是没法提前备课的,需要我临场发挥,所以我的这种做法很难推广,不是所有的老师都有这种能力的,对不对?

吕： 是,真的,这个要积淀很多,就像刚才讲的临场发挥的那种评判引导,还有指导性的修订,这种逻辑思维的培养真的需要蛮多的积淀才能做到的。

SH2： 这个完全靠平时的积累。

吕： 这么多年你是怎么学习和积淀这些的?

SH2： 《文汇报》有个小的评论栏目叫"虚实谈",我曾经在上面发表过四五十篇文章。那是 2003 年以前的事情,以后我就没时间弄了,他们那个栏目要求写即时性的评论文章,都是热点问题,等于是代表报社表明态度,篇幅很短,但每一篇都是有讲究的。那时候我也特别忙,我还是校长办公室主任,最厉害的是同时开六个公文窗口,同时起草六篇公文。

吕： 你刚才讲的这些东西,把我后面的问题,包括课程设计等都回答掉了。

SH2：其实呢，我个人觉得思政教师最应该提升的不是这个教学法或那个教学法，因为操作一学就会了，问题是你怎么去跟学生讨论、怎么去引导学生，现在学生能收集到的论据是很多很多的，你根本无法预料、没法控制的。他们所引用的论据是真是假，作为老师，你肯定要参与他们的辩论，你怎么来判断和引导？

吕：对。还是原来的问题，作为老师，你的底气在哪里。这对你的积淀、你的学识、你的判断能力，还包括你的逻辑思维，都是一种考验。

SH2：是啊，这一方面需要老师见多识广，不能孤陋寡闻，学生提的东西你大多都得知道；第二个呢，老师的知识总会有死角，总有学生知道而老师不知道的东西吧？那没关系，但是你要懂逻辑，对逻辑这个规则，你要玩得很熟，比如说这个定义过宽和过窄，这是循环定义还是偷换概念？如果一个老师本身，特别是思政老师，光记得一些条条杠杠，说实话你很难走，思政老师必须是思辨高手。

吕：那肯定的。

SH2：但是我不瞒你讲，思政老师给我的投稿很多，录用比例却很低。什么原因？我们很多思政老师的文章是在转述文件内容和领导人的话语，而没有转化为自己的东西，转化为学习的概念。我其实没有上过思政课，但是在思政方面我发表过几篇论文。我认为，第一个叫内容为王，第二个叫术语转化，我们现在更多的是转述而缺少转化；第三个是对青年学生的思想引领要重在思想梳理。还有一些劳动价值观的教育，这些方面的内容，我都写过。

吕：对。怎么把政治性的话语变成学术性的话语，这就是一个转述的过程，然后再变成一个内化的过程。

SH2：我个人认为最好的两部爱国主义教材就是《舌尖上的中国》和《远方的家》。吕老师看过吧？《舌尖上的中国》你看过吗？这就是一部爱国主义的片子对不对？我们国家这么可爱，有那么多美食。《远方的家》是个电视系列片，里面讲到边疆行啊，北纬 30 度啊，这些全部都是爱国主义教育的素材。

吕：这让我突然想起了另一个老师说的话，就是很多非专业的人把专业的活儿给干掉了。为什么？你看表面上他在拍纪录片，实际上他是在搞思政教育。但思政教育课程却没有开发出这样的东西来，而拍纪录片的人却把这门课上得更好了。

SH2： 我觉得我当年教学生思维表达训练、教公文写作，我让学生去讨论为什么库尔尼科娃球打得不好但是能挣那么多钱，去看存在观、讨论存在观，这不正是思政教育吗？岳飞是不是民族英雄这种就不用思政教育了吧？我当年让学生讨论的一些材料可以说都是思政材料。我让他们去辩论这些东西，他们把这个道理想明白了，既教了他思维，又上了思政教育，一举两得嘛，对吧？

吕： 对，这是个蛮有意思的模式。

SH2： 所以课程思政确实是有道理的，但是怎么课程思政？其实课程思政首要的还是通过教学生对具体问题的讨论，学会思维，他学会思维了，就提升了思维水平。人的思维方式大概有四类，对于我们现代人来讲，重要的可能还是科学思维方式。什么才是科学思维方式？我们现在不要说是学生，就是我们老师自己都搞不清楚。我们现在很多老师都是博士，但是扪心自问，我们在科学思维训练方面究竟做了多少？形式逻辑很多人都没上过，当然形式逻辑只是很小的一部分，但是也是很基本的一部分，对吧？什么叫概念都搞不清楚，概念的内涵外延怎么解决？很多人为了确定概念，把书上的定义拿来抄一遍，就叫界定了。甚至有人上百度搜一下，复制过来，就算界定概念了。哪有那么简单呀！

吕： 我们的思政学科也好，文科类学科也好，其实概念这种东西相对来说都是比较薄弱的，没有多少是能得到学生公认的。

SH2： 得不到公认没关系，关键是要让大家都知道你指的是谁。比如说我们刚才讲"00后"，先要界定我们所指的"00后"是2018年进校的，2000年出生的。我们所指的对象是一个大家都认可的，对象是明确的。这些年呢，有很多高校请我去给青年教师讲科研，其实做科研跟搞教学是一回事情，思维方法是一样的，对吧？

吕： 这个都需要有一些积淀，然后有一个逻辑的理解。

SH2： 最近两三年有不少地方已经关注这个问题了，我最早是在2015年到天津一所大学给教师作培训，2015年以后就越来越多，前段时间普陀区请我给他们的青年后备干部培训，排了五次课，最后他们说反响特别好。因为这些人比大学生强的地方在哪里？他们已经在工作岗位上实践很多年了，工作时间最长的已经十几年了。比如说他写公文，格式知道，但正文写不好,原因在哪里?把握不了逻辑。那我就告诉他们这个逻辑应该怎么把握,而且我是用一套简化的方法,学了以后回去马上就能用了。比如说你要发一个文,传达领导讲话,正文怎么写?第一,先写这个讲话是在什么场合下、什么会议上讲的;第二,这个讲话的内容是什么?第三,为什么要发这个公文?发下去你们要认真学习、要落实对吧?三个层次,很简单,一听就清楚了,回去以后马上就能用了。

吕: 你刚才讲的几个点作为训练这一块非常好,我觉得这个以后我们可能还真的要加强。

SH2: 是的,尤其是像你们做研究的时候,这一关过不了的话,后面都免谈。逻辑关系的梳理、切入和选择,整个框架的把握,这里面实际上是有很多东西需要去探讨的。好吧,今天就到这里吧。

吕: 好的,谢谢。

校园红色基因是宝贵的育人财富

一、访谈对象：SC2（教务处副处长）

二、访谈人：吕小亮

三、访谈形式：当面访谈

SC2：吕老师给我的这个任务感觉有点艰巨，因为我对思政不太熟悉。我们马克思主义学院成立之后有一些改革措施。你可以加一下我的联系方式，我转发给你。其实我觉得你们这边的思政做得挺好的。上次在 NYLG 的活动你好像没去？

吕：对。

SC2：上次在 NYLG 主要讨论思政，以这个话题为专题，当时你们校长也去了。

吕：哦，校长也去了。

SC2：那天晚上我们还一起在湖边散步，H 校长就讲了上海那边做得挺好的，上海市教委统一的"中国系列"课程思政，包括政策配套，都挺好的，我们回去后还一直想推到我们的课程上。因为我们那里还是传统的东西多一点。

吕：也有一些探索性的东西吧？

SC2：探索性的东西主要是马院那边在做，我也不太了解。关于创新创业，我还可以说一说。

吕：创新创业我也一直在做，去年 9 月份我还办了一个全国性的论坛。

SC2：我们马克思主义学院的院长就是从其他学院转过来的，以前我们叫思政部，才刚刚筹建马克思主义学院。

吕：刚刚从思政部转成马克思主义学院。

SC2：对，在筹建之前隶属创新创业学院，但学科专业可能是思政方面的。陈毅元帅在我们学校待过两年，这算他的母校，你从我们的网页上能看到。所以在我们思政课内容里面，会将陈毅精神贯穿其中，我觉得他们做得还可以的。

吕：原来陈毅元帅是你们的校友。

SC2：是的，陈毅元帅在当地待过两年，在我们学校读过两年书。我们还专门建立了陈毅纪念馆，现在思政课的实践活动就在里面，比如说学生参观、讲解啊这些，我们陈毅纪念馆的讲解员基本上都是由学生担任的，他们已经把这些内容贯穿在课堂教学里了。

吕：这样很好，学生可以在这个纪念馆里学习陈毅精神。

SC2：这是经省委批准建立的。里面有很多珍贵的展品，都是元帅的家属捐献的，外面看不到的。比如说陈毅元帅出席各种外交活动时的一些东西，都展出来了，你有机会可以过去看一下，看看那些展品。所以这一块我觉得他们已经把陈毅精神融入思政课了。然后我们还有"形势与政策"课，我看他们都做了一些改革，基本上都是请外面的著名学者来做时事评论，一次一个专题，学生听了之后就可以拿学分。这是"形势与政策"课，主要讲时政热点。

吕：这个学生是非常爱听的，而且能够有一些引领作用的。

SC2：现在要把立德树人贯穿人才培养的全过程。我们也正在思考这个事情，如何在课内课外融入课程思政这一块。从这个角度来说还有团队建设、课程评价等。我们教务处牵头全校的课程评价，对思政课的评价是单独的，主要是马克思学院具体在做。我们全校的课程评价也有几个板块，有学生评价、同行评价等。

吕：那几个板块是全校统一的吗？

SC2：各学院有没有细化，我就不太清楚了，因为是我们教务处统一牵头的。他们的思政课程，还没有更具体的评价，这可能要对接一下马院。

吕：除了学生评价、同行评价，还有没有其他方面的？

SC2：我们还有督导专家，还请了一些校委专家，还有第三方，这些做法都是各学院通用的。

吕：评价方面学校有没有比较成熟的标准体系？

SC2：全校性的我们有。

吕：有的是吧？

SC2：有些课程评价到了二级学院的时候，他们自己针对不同课程会做一些加法，这是允许的，包括思政课其实也可以做加法的，因为思政课有很多硬性规定。

吕：这个量表是你们自己设计的，还是借鉴了其他高校的成熟经验？

SC2：我们全校统一的量表可能有借鉴的成分，但也有我们自己的一些特色。

吕：马院自己有没有进一步细化的？

SC2：他们肯定有细化的量表，作为一个学院肯定会细化。他们在课程建设方面做了很多工作，我等下把材料发给你，你可以仔细看看。

吕：我还想了解一下，教务啊，还有马院啊，包括评估质量办的基本情况。

SC2：我估计每个学校教务处的情况都差不多。

吕：教师团队你们管吗？教学力量如何？

SC2：团队是人事处跟我们联合管理的，我们有教师发展中心。

吕：以后还要麻烦你们啊。

SC2：我U盘里的资料待会儿就发给你，详情你可以跟W教授沟通一下。

吕：好，都是老朋友了。

SC2：对，他还催得很急。我来不及弄一个详细的，以后还需要什么可以再联系我。

吕：好，非常感谢。

第四部分
教师专业发展的内外合力

火災保護対策の手引

思政课程与课程思政：教师是关键

一、访谈对象：JS1（校长）

二、访谈人：吕小亮

四、访谈形式：当面采访

吕： 您好！感谢您接受采访。我想了解 CSLG 的一些做法，现在全国各地都在搞思政教学改革，第一个就想了解一下学校思政课的基本现状，包括 SD 那边，您也比较熟悉，他们是怎么做的，请您介绍一下。

JS1： 基本状况其实都差不多，因为我来到这所学校不久，我现在在 CSLG 当校长，原来在 SD，我是副书记、副校长，其中马院和思政就是我分管的，所以相对还熟悉一点。我就不讲学校了，谈一下总体感受吧。

吕： 好的。

JS1： 第一个就是整个高校思政课现在上得越来越好，这是个总体的判断，是比较乐观的。主要在几个方面吧：第一个是从上到下，领导和有关职能部门的重视，把它当成一项政治任务在要求。第二个是各所学校都在想方设法改革思政课，提高思政课的作用和效果，应该说现在已经出现了很多这方面的例子，比如上海大学，我两三年前曾经到上海大学听课，当时应该是在全国高校中评价比较好的，上大这个思政课的改革，也得到了教育部文化建设的特等奖。我们曾经在四川大学开会，现场也与上大的代表们做了专门的交流。今年中宣部与教育部合开了一个会，就是校园精神文化建设专题交流会，我当时也参加了。感觉就是各个学校都在探索新思路,也出了很多杰出的教师,其中一个就是从弘扬正能量、改革思政课授课方式的。南京航空航天大学也出现了一个深受到学生喜爱的思政专家。

吕: 对,这个我听说过。

JS1: 对,这个确实是不容易。思政课,能出现一个可以解决所有学生疑惑的老师,是不容易的,不像其他娱乐界、体育界。就像我讲的,各个高校都在努力。除此之外,应该说在师资队伍建设、在马克思理论学科建设这个方面,得到了加强和重视。以前,思政课得不到各高校教师的重视,从师资队伍来讲,都是一些相对来说学历层次比较低的教师,所以说师资队伍的建设,没有得到很好的重视。包括思政这个学科,也是被边缘化的。但是这几年,举个江苏的例子,2015年一年全省就建了10个马克思理论的重点专业,一门学科一年内建了10个重点专业,这是其他任何一门学科都不可能做到的。

吕: 对的。

JS1: 而且合格马院、示范马院是有大量经费投入的,因此无论是这个专业还是相关专业,都得到了较大的提高,也出现了一些好的师资。

吕: 是的,得到了重视就会有好的师资。

JS1: 再一个嘛,就是思政课整个质量和效果得到了极大的改善,正因为前面几个方面的重视,必然提升思政课教学效果,特别是学生的满意度,得到了很大的提高,从这种状况的评价来说,是很有成效的。当然像有的报道说,百分之九十多的学生都喜欢,可能有点夸张。我曾经听过一次课,确实是感觉到他们是按照专题来讲的,比如上大的"大国方略",九个系列,我觉得真正是做到一座难求的。有的学校的思政选修课,学生选课,可以说是直接秒杀,这是很不容易的,很好的事。因为真正地让学生喜欢,这个是不容易的。从这几个方面来看,思政课都得到了比较明显的改善。当然按照你前面讲的,高校的思政课改革背景,应该看到,中国特色社会主义的大学,要立德树人,这是习近平总书记讲的问题——培养什么人、怎样培养人、为谁培养人,这是全国高校办学工作的重点所在。说实在的,以前这样提法的例子也有,但是没有得到重视,造成高校的思政课一度被忽视、被边缘化。我感受很深,在我国发展壮大的过程中,遭到了一些西方敌对势力的围堵,这样的意识形态和价值观,会对我们的青年造成极大的影响。如果培养的学生无法树立正确的价值观,不要说有技能、有知识,那简直是掘墓人。所以为什么要改革,因为这就是一个血淋淋的现实,敌对势力的目标就是针对我们下一代的。举个例子,一个是科技,这是世界霸权的重要抓手,第二个就是美元,动不动就以这个做文章,第三个就是价值观,美国长期称霸世界主要靠第三个,就是价值观。所以不要说我们年轻人看不到,就说西方,任何一个国家,包括美国在内,他们对自己本国的文化、意识形态、价值观,真的很重视,他们对本国的文化,超敏感地进行保护,这是一个国家最主要的根基。所以以前我们说的是,外来文化的侵入,国家积弱积贫,再加上我们自己的文化运动,这对我们传统文化的影响是非常大的,都是破坏性的影响,所以改革开放以来,一方面是西方的价值观进来了,另一方面是我们本民族的传统文化支离破碎了,这个肯定是当今高校重视思政课的巨大背景。另外就是培养人才,针对下一代是没有硝烟的战争,所以我说大的背景就是这个。我们的师资力量、上课的形式等,再加上之前完成任务、形式化的、敷衍的比较多。现在,特别是最近几年,对美国的价值观,认识得更清,所以这一点,我觉得也是不错的,让我们的大学生看得更清楚,所以我想主要是这个大背景,高校的思政课,确实已经到了非改不可的地步了,因为我也上过这方面的课,我也管过,我学的也是这方面的专业,自然而然,也想把这门课上好。我的感受,要上好这一门课,比任何一门课都难。要求思政课教师知识面要广,而且教师不仅仅传授知识,而是要真正让学生有所思、有所悟、有所收获,所以我啰唆点,就是这个大背景下的要求了。

吕: 其实您刚刚讲的,也讲到了我想提的第二个问题,就是如果推动思政课改革的话,该怎么做呢?

JS1: 思政课的改革突破,这也是第五点了吧,我认为有五个方面,第一个方面是课程思政,我觉得很多课,可以融入一些思政元素,在整个教学过程中,要开展融入式的课程思政。从小的思政课程开始,变成范围更大的、让很多课变成能够加入思政元素的,做课程思政。这也是我们学校现在主要在做的。现在的思政课,主要的就是马院,希望能把思政课的内容融入其他课程,做到真正的教书育人、立德树人。这个很多学校在做,我们也在做,我认为是一个突破点。第二个方面呢,就是坚持党建引领,加强马克思理论的自信。一定要用党建来引领马克思理论学科建设。为什么呢,我们现在的马院教师，容易陷入一个为学术而学术、为上课而上课的怪圈。举个例子，讲到中国的宪法和西方的宪法，学生乍一看，觉得中国的不如西方的啊，我觉得一定要坚持党建引领，突出鲜明的学科特性。其次，我们马院的老师经常感到没办法像其他学科一样正常发展，我对他们说，我们马院作用是很大的。上海这个地方，党建水平是很高的，这里是需要许多高水平的专家教授来引领的。马院的课题不大，最多5万元不得了了。像我原来的工作单位，从党建工作方面来总结，都已经做出很多成果了，现在就是希望与党建结合起来，充满自信，不能完全单纯地以马克思理论做研究。比如去年，马院的研究团队开展了很多专题研究，很受大家欢迎。不要高看高校的党建研究，其实许多高校的党建研究还不如地方。我原来的单位，有一个党建研究所，是与市里合建的，相当于我们的马克思主义理论研究院，我们也可以走这样的路啊。经过无数的梳理、培训，加强党建引领，才能增强我们的学科自信，党建自信。第三个方面就是教学改革。要提高思政课的教学水平及对学生的吸引力。我们现在是引入了专家、优秀的老师，师资队伍得到了提高。一定要对现有的师资队伍加强培训。按照我原来的单位，有100多名教师，现在按照350名教师的标准，我们的学校，至少需要160名，目前还是缺少的，我们还是在不断地引进。但现在问题就是，优秀的师资难找，一个是马克思主义专业的博士生太少，另一个就是很难找，好不容易找到一个，又不是很满意，所以对于类似学科或专业的，社会学什么的，我们都可以招人。如果一所高校有好的师资，对学生的吸引力肯定是很大的，所以我觉得真的要提高师资水平。第四个方面就是教材改革。许多老的教师，一听要改动教材，就很不满意，其实没必要这样，我们针对一点继续地深入就好了。就拿上海大学来说，在这个方面就有很深的改动，其实稍微一改动，学生就欢迎，尤其是他们做的"大国方略"。有的老师思路比较死板，照本宣科，这样做就很不好。所以我现在也在试点，比如原来我的工作单位里，有书院，有国家教导班，思政课一个是教改，是可以正面改革的，后来那几个书院就搞了许多讲座，学校的第一、第二把手就开讲，我们把这个思政课定位为学校第一课、立德树人的第一课、开学第一课，书记校长首先开讲，然后从学校的专家里选十个左右，又从校外有名人效应的人中选五六个，一人一讲，一共十五六讲，融到一个学期中，持续对学生开讲，这是很方便的。当然，要全面铺开，确实有难度。在我原来的工作单位，通过这种形式，效果很不错。现在呢，普遍是要求加入学生实践，以及让学生来讲，但是痕迹太明显，为讲而讲，这次安排三个，下次又轮换三个，这也是很难的。我就感觉到，千万别搞成形式主义，形式化一多，副作用就会更多。这个副作用就是，学生会逐渐感到反感，思政课的吸引力就渐渐没有了。所以，我最反感的就是死扣教材，许多老教师就和我争论。我说，这个教材，简单一看，学生两天就看完了，那你还讲什么呢？所以我说，沉浸式的教育是非常重要的，传道授业，我们一定要传道，而且，还要让学生悟道，一定要让学生有所感悟。传统文化中的道，和我们现在的道，其实是一回事，我们以前，从很高的角度讲这个道，也是我的大学第一课，这就应该是大学生的第一课。第五个方面呢，就是我前面多次提到的，也是最根本的，就是提高师资队伍建设。讲来讲去，理念再好，课程再好，最后都要交给师资队伍，他们直接决定了这个课程的成败，也就这五个方面了吧，经验做法都在里面了。

吕： 好的，JS1校长，您说的这些让我了解了很多。之前我们局限在上海这边，去年上海高校一直在推课程思政，每个高校都做了一些课程系列，像我们就是"中国制造"，东华就是"锦绣中国"，包括那个"大国方略""治国理政"，我们市里就在推这样一些，这一点就很好，都是让我们挖掘自己学校的内部特色，本身的话我们学校可能在这方面做不出什么特色，但是结合我们高校其他学科或许可以做一个思政课，也能成一个系列，我刚刚听您讲，都走在前面了。

JS1： 这个吧，真的，现在我在CSLG，要深入推的话，就是苦于师资队伍。要是我们有15名以上的博士，这个课程，确实可以换一个新面貌。现在，我每学期去听他们讲的思政课，每学期2—3次，听下来，达不到我的要求，感觉还是任重道远。他就在那里讲，就在那里解释，这个是什么，但不深入，实际上老师应该明白学生在这一点上会有哪些疑惑点，会有哪些感兴趣的点，但大多都没有这方面的敏感性，有的可能只是点到为止，一带而过，有的可能会多讲一点，所以我觉得，一堂思政课要是上得好，应该是一件很过瘾的事情吧。

吕： 学生的话，上海这边我也听过一些思政课，就像您讲的，学校出课就秒杀，上课所讲的内容，学生都能接受，也能从中概括出一些东西，能够有获得感,无论是心里的一些疑惑,还是感叹或其他什么的,总会有一点收获。

JS1: 上海这方面的话,应该资源比我们多得多。

吕: 相对来说吧,可能在局部某一点上多,但在总量上,从全国来说还是不行的。就像您刚刚讲的,我们主要是师资队伍的缺乏,没有一个好的师资队伍,怎么样都是不行的。但现在特别重视这个方面,就在今年3月份,我们在上海开过一个会,也就是持续地在推进这项系列工作,真是太好了。

JS1: 这项工作,说实在的,真的是不容易。

吕: 好的,非常感谢,占用了您宝贵的时间,谢谢您。

成果发表难是教师职业发展的制约因素

一、访谈对象：HN1（副教授）；HN2（讲师）
二、访谈人：吕小亮
三、访谈形式：当面访谈

HN2：你是在做某个课题吧？
吕：　对。
HN2：这个课题好像还比较新。
吕：　对，基本上是这样的，我们得先了解它。
HN2：好。
吕：　我原来是学校团委书记，所以一直在做思政这个领域的研究。以前研究第二课堂比较多，现在我们很多的老师、学生，都反映思政课不好上。大家都在说，思政课缺少一些比较有实质的东西。我就想做这样一个课题，还有德育的课题也是跟这个有关。我们现在刚开始做，想分为以下几个部分：一个是调查，调查就是对学生进行访谈。说到访谈，我们前一阶段访谈过一些校领导，还有教务处处长、马院院长，再想访谈一些老师和学生，正好今天有这样的机会，所以非常感谢您能接受这个邀请。
HN2：你这个课题是什么课题？是国家社科的？
吕：　是上海市教育科学课题。
HN1：属于哲学社会科学？

吕： 对。要不我们就简单地聊一聊在上思政课的过程中有哪些问题和不足的地方，有哪些好的地方，有哪些是最核心的问题，反正就是把这些核心问题给谈透。

HN2： 也希望把这些核心问题给解决掉。

吕： 对。

HN2： 你那个项目是不是把教学课程和效果评价作为思政课改革的一个机制？

吕： 对，是这样，课程评价的理论基础包括教学设计、教学实施、目标达成等等。关于课程评价，我们访谈过那么多所高校，所有的高校基本上都是这种模式：学生评教，同行评教，督导、领导听课（思政课）等等，就是通过这样一些方式来评教。通过这样一个方式评教，其实它是反映课程运营得怎么样，对于教学效果的反映可能相对来说就弱一点，对吧？我们现在是想做一些调研，包括通过问卷法去调查学生对思政教学课程到底有怎样的看法，然后再去分析数据，分析完之后，再通过访谈发现课程运行当中的一些问题，最后把这些问题进行提炼，再对整个思政教学改革提出一些对策和建议，这样的考虑其实就是发现问题、分析问题、解决问题。

HN2： 说实话这个视角真的还是很新颖的。你前面也已经介绍了其他学校的一些做法。对于思政课教学，我最深刻的感受是这个可能大同小异。因为大家都知道每位老师都有教学课时，老师必须在有限的课时里教学。我们每年有教学计划和教学进度表，我们要求老师严格地按照教学进度表进行教学。比如说哪一天的第一节课、第二节课要上到教学进度表的哪里。这就需要老师严格把控教学时间，这是一个问题。另外还有个问题，就是对于老师的能力要求比较高，不然很难掌握这个过程。另外，我们学校以工科类的学生为主，工科类的学生对思想政治教育这方面的兴趣体验可能不如人文社科类学生强。

吕： 对。

HN2： 以上是我就思政教学的个人感受。还有一个是关于政府教育教学实践经验做法和成果。我看你们这方面做得还不错，我们学校也做了一些尝试，我们的教学成果二等奖是去年才获得的。

吕： 这个能不能给我简单地分析介绍一下。

HN2： 我们在省里面得了个二等奖，但对我们这样的学校来说能够有二等奖已经很不错了，毕竟我们也只是一个普通的二本院校。获得一些东西的话，也还是要做很多前期工作的。我们一直是按照教学的原则做一些前期的准备或者开展一些活动的，也就是吕老师所说的教学实践这些东西。这些我就简单地讲一下，我们学院院长可以再详细说，他是武大的硕士、南京大学的博士，现在是南京大学的博士后及在读的院长。

HN1： 存在的问题，我跟吕老师简单总结了一下。一个是学生不愿意听，老师有可能忙于教学任务这块，所以没有时间和精力开展教学改革。一个是我们的团队建设，实际上我们学校目前最大的问题就是思政课教学环境建设还处于一个起步的阶段。我看到你们那个 C 副教授还考虑加入一些思政元素进行讨论。而我们学校的思政课教学团队，虽然在组建以教育为目的的名师团队，但是还处于起步阶段。评价方面，原来我们更多的就是采取了这个评价体系，学生评价、同行评价、督导评价，还有我们学院的二级督导评价和学校的领导听课，这四种模式，但是你说这个教学团队，我们主要是以教研室为单位开放一些集体备课、申报省级政治课等来加强思政课的课程效果。我也是一直在做一个设计，希望避免采取灌输式的教学方式。从学生接受度这个角度上，我也一直在做研究，一直在做教学方面的改革。

吕： 对，我赞同您的说法。

HN2： 分清重点，原来我们是以教师作为主体，现在我们要以学生为主体，要以教师为主导，主导课程，但是主要以学生为主。我们也在做这样一个设计，主要是以学生的接受度来衡量，我们教多少、怎么教，这是作为课程设计的一个路径。吕老师，你有没有感觉到思政课教学方面的文章很难找？

HN1： 今年情况还不错，发了两个 C 级关于特别教育之类的教学文章，特别是一些高水平的，除非你的学校排名比较好，还有一个你的导师的影响力大，由他推荐，但是跟我们这个师生教学教育方面有关的文章真的很难得到。

吕： 是的，关于思政课教学改革的文章确实很少，也很难发。

HN2： 你要把一些哲学的观点引用到你这里来。比如说问题导向这个专题、翻转课堂等，许多杂志编辑一看到这些工科类院校思政课教师的文章，第一轮就把它淘汰了。老师要发表篇文章，要改好几次，所以在科研方面怎么样更好地融入一些更深的思想，比如说新时代思想，比如说中国哲学的发展等来拓展自己的文章的广度。

HN1： 我觉得这样学会稍微好一点，我喜欢纯粹的教学改革，但真正纯粹的教学改革，很难整合研究对象。

HN1： 其实也没有什么，就是 HN2 教授讲的我都赞同。我就介绍一下我们自己学校思政课的一些做法和经验。让我感受最深的，就是备课。一是我们老师很累，真的很累，我们花很多时间去备课、准备课件等，但是真正出来的教学效果还是没达到自己的预期。学生上课又不认真听讲，给老师造成一种"我付出了这么多劳动但没有相应回报"的感觉，学生对灌输式的教学过程也很反感。我们学校设计的课程是在文科领域，就是我们那个中国特色社会主义课程，课时非常长，有 40 个课时。所以前面上这么十几个课时的时候还好，越到后面就感觉越难进行下去。我们以前有很多活动，采取的一些方式也不仅仅是灌输式的，我们也采取比如说新闻播报、时事新闻、辩论、讨论、微宣讲、学生讲老师评等很多方式，但是上到后面就出现我刚刚谈到的老师很累、学生很烦这种情况。另外一个就是有的时候理论的确脱离了一些学生的实际，因为我们生源素质相对不高，而且是本省的学生居多，以本省学生为主体。

HN2： 基本二本线以上的都是本省的学生。

吕： 对。所以到后面他对这门课就不感兴趣了。我们原来还搞闭卷考试，后面我们取消了。学校把考核方式改了，变成写论文，平时成绩加期末论文。但是现在感觉就算改了这个考核方式以后，也没什么好的效果。

HN2： 比如说我们一直在做研究性学习竞赛，我还曾让学生做新时代主题的文章，上级教育部门也提供了几个主题。比如说新时代的社会矛盾发生改变的原因，让学生直接去做，因为我们的生源主要是来自农村的。做这些东西可以推动我们工科学生产生学习兴趣，所以有一年，我们获得了湖南省的一个研究性学习的立项，这是我们整个工科几十年来的一个突破。但是这两年操作起来太难了，而且我们面上的学生有这么多人，你怎么去指导？所以我们这边做起来就和以前不一样，前面主要是研究背景或原因，后面主要是研究学习的心得……

HN1： 研究性学习，思政课重在研究性学习及成果展示，先学习，然后你要展示出来。

HN2： 对，这是 HN 省提升工程的一个思路，算是 HN 省的一个特色吧。

吕： 就是有点类似上海的"中国系列"的思政课堂。

HN2： 大概就是这样一个情况。我们现在也试图把这个整体做起来，有时候就我们这几十个老师,做起来也不容易。

吕： 对。就是刚刚说的,老师很累。我们上海这边也在想一些办法,结合我们自己学生的实际,尝试在实践课方面能不能再有一点突破。

HN1： 我们校领导很重视,包括我们马院领导也一起想办法。理论课我们已经是这个样了了,实践课能不能做一点自己的特色出来,有所突破。我们后面就做了刚刚介绍的那个实践教学,就是后面获奖的。第一个就是嵌入素质拓展,就是在校内做一些活动。我们思政课老师充分参与进去。比如说办一些演讲比赛,做一些大型的或者深刻的展示,包括团委的一些活动。我们老师主动地去介入,主动地去沟通,我们也有一套沟通机制。当然一开始也遇到一些困难,因为有的时候二级学院不是特别欢迎你,他们有辅导员,有自己的运行机制。但是后面把这个机制还是打通了,通过校级层面打通的,老师就嵌入进去,而且我们把这个作为老师的工作考核,我们还要求老师做了些事情,要有底子要有记录,然后还要二级学院盖章签字证明你去做了工作。第二个就是嵌入实习,就是要走出校门,不是光在校内。我们工科学院学生基本上要在工厂实习或者到企业里去,我们思政课老师就利用这些机会带着一些党建课题进行调研,像工业遗产等这类课题。比如说到了一个城市,你去问那里的企业的党建工作做得怎么样,工厂的党员精神面貌怎么样,反正就带一些任务,我们就陪着学生下去。学校支持老师在暑假或者是根据学生实习时间去把这个课题做出来,学生也一起做。他们有他们的专业实习指导老师,我们是思政课老师,我们是从思想上去发现一些问题,实习老师负责实时指导实习行为。我自己也去过,比如说我跟的是那个外语专业。他们是日语专业和英语专业,我们去的是广西阳朔的一个外国语学校。这所外国语学校有实习基地,会接待有一些外国团队或者旅游团,我就跟过去。去了后我才能有针对性地发现学生思想上有些什么问题,我真的是做到了思政实习,所以效果也还可以。

HN1： 当然在实际操作过程当中也有一些问题。后面我们就把这两个总结了一下,就是把我们的一些好的做法进行归纳,然后就做成自己的一个大课题训练。我们从2014年就开始做这个,2016年拿奖的,就是经过三年的时间后感觉有一点东西了。我们还收集了我们学校学生的一些论文、老师的一些感受等,把它做成了一本小册子,虽然还没有出版,但是做了这个等于是有了佐证材料,我们拿到省里面去,评价还不错。这个其实还是做了一些探索的,所以我们就想试着突破一下,因为理论课方面没有大的突破,我们就想在实践课方面试一下,现在我们正在继续深化,就看能不能继续再做下去,总结一下前面的问题,一些做得不好的地方看能不能再继续改进。

吕: 看看能不能冲上国家级奖项。

HN2: 现在我们普遍面临的一个问题就是理论。理论提升还是很重要的。如果像电机学院一样在课堂教学中首先建立起理论基础,然后通过更多的实践加以证明就好了。我们虽然在某些地方形成了一个体系,但还没有理论的支撑。我们一直也在说,这个问题还有很大的提升空间,所以我们要进一步推进理论深化。这个工作我们也一直在探索。一方面是与我们本身团队的理论水平有关,另外一个的确还是整个视野上有所局限。

吕: 其实我们可以搞一些理论课题大家一起研究,只要找到一个点来支撑。

HN2: 我们之前还真没想到这个。我们在做的过程中感觉还是比较单薄,就一本东西放在那里。

吕: 你不知道它的最核心的点在哪里。

HN1: 总体上可能就是这些感受吧,估计也是大同小异的。

HN2: 其实后面那些东西都是差不多的。我们的一些学生、辅导员讲,老师们只是表面听,还没有转化成自己的一个认同,还没形成我们所说的知行合一。

吕: 其实我做这个课题本身也有困惑,大家都会说,但实际上到底怎么样?它的核心点在哪里?不知道。我们也搞学生座谈会,也搞了很多其他活动,但实际上入耳入脑入心的有多少,真的没法知道。

HN2: 是的,学生们不会说他真实的想法,但能谈很多观点。他可以说一些让你听起来他已经接触了很多观念的发言。你当时是团委书记,你知道开座谈会时,学生表达的是否都是真实的想法,是否讲了很多空泛的话,而表明自己真心的话很少说。所以我们也搞教育改革,搞了一些座谈会、研讨会。

吕: 对,就是真正意义上能够跟学生或者跟人才培养这一块相结合的比较少。那我现在再问几个简单的数据,现在我们学校学生人数有多少?

HN2：总共 18 000 多人。

吕：　噢,这么多。那 30 多个思政课教师?

HN2：33 个,算上我们引进的一个博士。

吕：　当中博士有几个?

HN1：5 个博士。

吕：　教授呢?

HN1：也有 5 个。

吕：　副教授呢?

HN1：副教授 17 个。

吕：　17 个,那也不少了。

HN2：现在我们的结构也不是很合理的,年轻教师,职称上不去,只好去考博士,求进一步发展。

HN1：现在 C 刊,讲师去发文章,人家不认你,除非你有很强的导师帮你。北大核心相对简单一点。

HN2：所以我觉得吕老师你这个课题很有意义,也能关注思政课老师怎么晋升职称的问题。

HN1：其实老师的心态好了,对教学也有一定的帮助。

吕：　好的,感谢两位老师。有时间过去给我们指导工作。我可能因为这个访谈和调研,会走访全国各地的一些地方。

HN1：你去的学校主要是什么样的学校,211? 985? 是不是好学校也要去,一般学校也要去?

吕：　对。有个事情需要拜托一下,我有个问卷,你们方便帮我推一下吗?

HN2：是电子的吗?

吕：　书面的。就是像英语答题卡一样的,只要用笔勾一下就好了。也不一定用铅笔,只要黑色的笔涂一下。

HN1：你是要调查多少份? 还有什么要求吗?

吕：　我现在在设计,一个学校大概 500 份,一共大概两三万份的样子。HN 那边,我大概分了一下,东北、东部、中部、西部,大概是四个片区,每个片区里面大概有十所左右的高校,985、211、普通本科,包括民办的独立学院这类的学校,然后将这些问卷备案。你们方便吗?

HN2：这个是面向老师的还是面向学生的?

吕：只面向学生，老师一般都是访谈。

HN1：可以呀。

吕：其实就是你们上课的时候让学生做一下，做完给我就行了，有成果出来我们一起分享。

HN2：另外问个题外话，你这个课题实际支出多少钱？

吕：这个是3万元。

HN2：3万元，不多啊。

吕：课题经费很有限。其实这样的课题主要就是解决职称晋升等思政教学改革中各方面的问题，因为这些都是规避不了的，也是我很想做的事情。

HN1：你这个数据做出来很好，这个数据教育部可能都会重视。

吕：所以我拜托两位老师，哪些高校可以帮我们推一推。我也不想把它弄成很随意的事情，那样的话，数据可能不一定客观。我觉得就是高校类型层次，还有分布都能涉及一些。因为普遍来说都是用网络问卷调研，但是互联网的精准度不是最高。如果用我们现在这种调研方法，我觉得我是能把握得准的，这个数据会比较准确，有参照性。

HN2：这个问卷调查是没有问题的。教学的安排都是统一的，到时候大家发一下。

吕：你们一节课一百来号人，你发三节课就够了。

HN2：那你们确定好了再跟我联系，到时候就把问卷的事情落实一下。

吕：我可能下礼拜来。问卷印制出来以后就给你们发过来，这个学期就可以解决掉。

HN1：没事，你着急，就赶紧联系我们，我们就想办法在各门课结课之前发掉，但是只能是调查本科学生了……

吕：反正上这门课的学生其他的也都上，我只要500份就可以。

HN2：那我们放假之前弄好。

吕：好的，感谢。

HN2：没关系。大家都是挺熟悉的，反正现在手机联系也挺方便的。

民办高校思政课教师专业发展瓶颈问题显著

一、访谈对象：HN4（副教授）
二、访谈人：吕小亮
三、访谈形式：当面访谈

吕： HN4老师您好，想就思政课教学方面的情况向您请教，这里有一个基本的提纲。

HN4：我来选择是吧？

吕： 看您方便，内容基本上就是我们在做关于思政课教学改革方面的问题。我在6月份已经做过一次这样的访谈，后来又调研了50多个高校，1万多份问卷做下来，经过一些数据分析之后，发现有一些聚焦性的问题，想再跟你们聊聊。首先是学生获得感这一块，另一个是学生本身的变化，今年是"00后"入校，你觉得"00后"和其他的"90后"、"95后"有什么区别？或者有什么特性？

HN4：好的。"90后"啊、"80后"的孩子我们也都接触过，对比一下，"00后"的学生，也就是千禧一代宝宝嘛，他们是伴着互联网长大的孩子，是互联网原住民，所以他们的特点很明显，第一个就是这些学生比较活跃，比较积极，比较胆大，也比较好动，这是他们的一个普遍特点。第二个就是他们的物质条件丰富，但是他们的知识比较匮乏，他们的疑惑也特别多。所以他们的追求啊、处理一些问题的灵活度啊，或者是能够把握问题的本质、能够做出一个好的选择、能够很好地处理一件事情,这方面的困惑和迷茫是特别多的。所以从这方面说,我们的课程就要很好地引领他们,要能帮他们答疑解惑。还有就是"00 后"的孩子,他们的情绪管控和精力调适问题比较大。如果他们能够控制一时的冲动或者看问题没有那么片面的话,那么就可以非常好地、更加健康平稳地度过大学生活。

吕: 有很多老师说课堂里可以分为三个区域,坐在前面的是学习区,坐在中间的是玩手机的,坐在最后几排的是来休息的。你们有没有这个情况?

HN4: 我认为出现这个情况还是在于老师的课堂管控能力。怎么说呢?我觉得我们的任课老师,肯定不只是争取前面那个三分之一的爱学习的学生吧?每一个学生都是一个鲜活个体,他们都是有学习需求的,怎么样去吸引他们,然后把他们拉回到我们课堂里,就是我们老师要去解决的课堂管控的问题。我觉得这个也是很有挑战性的。我一般在开学第一节课上,先跟学生说清楚,我们上课的教学模块的内容是什么,然后我怎么考核学生的。第一个,我们采用的是团队的方式,比如说优良成绩大概各占 20%,中等占百分之三四十,不合格可能占百分之二三十,我们考核的方式就是团队形式,这个团队得优,那么团队所有人都是优。这样,就是要通过他们团队内部来进行管控。第二个就是专门花五分钟时间来做团队建设,团队组建完后,就单独给他们分配任务。第一堂课就讲规则,把他们凝聚在一起,加大管理力度,把"游戏规则"先跟他们说清楚。分组的时候,也是打乱的。那么怎么样去熟悉团队成员?怎样迅速地进入角色?怎样合作学习?这些能力是要培养的。我就给他们分配任务。比如做手机环保袋,他们先要去找材料,要设计,因为要体现他们的创新、环保理念,而且每个人都要参与,每个人的手机都要能放进去。下一堂课上,我就会给每个组(大概是一百人左右的课堂,十个人一组)1 分钟时间来进行分享,分享这个手机袋是怎么样做的,客户理念是什么,小组内是怎么分工的,然后展示一下成果。这样既提升了他们实践的能力,又锻炼了他们的表达能力。任务完成后,我就进入课程,手机袋其实是需要用的,我想的一个"游戏规则"就是以后在我的每堂课上,你们把那个手机袋带过来,由你们团队,专门来管理手机,应先把手机关机,同时对号入座,放在手机袋里。这件事情我可能只在第一节第二节课上提醒一下,以后就不再提醒了。如果做不到,我是要扣分的,而且是扣团队的分。

吕： 哦，这样就在上课时把他们的手机控制起来了。

HN4： 对，所以我觉得怎样把学生拉回课堂，还是在于老师如何去设计，管控相当重要。在我的课堂上他们不会有很多分心的机会，因为手机是会让学生分心的，先把这个"武器"给收缴掉。

吕： 这个是绝招。

HN4： 我们学生在课堂上是非常活跃的，我们的课堂讨论，就是当堂的反思和总结，做出来的效果还蛮好的。

吕： 我一直在跟老师们讲，学生考试作弊，监考老师一定是有责任的，你如果管控得比较严，让他断了这个念想，他就不会作弊。这个跟老师的课堂把握是一样的，如果老师的掌控能力比较强，学生肯定会跟你走，如果老师自己放弃那些中等的40%或不合格的30%，这个课堂肯定是无序的。这种主动权，对老师是很重要的。

HN4： 我们对分课堂也在穿插着搞，学生基本上还是比较活跃的，效果还是不错的。

吕： 你觉得影响学生思政课学习的因素有哪些？

HN4： 我认为第一个是老师的课程设计很重要，第二个就是合作学习，你要给他们这种小组学习的形式，让他单个学习，肯定效率没那么高，团队合作，学习兴趣就会提升。第三个就是学生助教，学生助教相当于学生课代表，我们因为是三个行政班组成的一个教学班，所以我就从每个行政班上选一个学生助教，这三个学生助教跟我是一个团队的，他们不用参与小组讨论。他们与所有组的小组长建个群，然后督促他们去完成各项学习任务，还要在规定时间内把作业收上来。我觉得有时候这种组织形式的纽带作用非常大。

吕： 把你给解放出来？

HN4： 对，把我给解放出来，然后我的课堂教学质量就会更高一些，整体的话，能比较好地带动整个学习气氛。

吕： 这个其实也是提升获得感的一个非常重要的方式，对吧？

HN4： 还有就是我们在进行课程内容设计的时候，导入部分应该跟这些年轻学生所关注的一些热点相关，作为老师，我们要善于把控这个脉络，能够不断地去推动学生主动学习，这是很重要的。这几个维度可以影响他的学习。

吕： 设计、团队、助教和兴趣等维度。那你们那边教学团队这一块有什么特点？

HN4： 正好我在那边分管教学，教师团队都是我来带的。我们的教师团队，一般分为两大块，一个是专职老师，我们现在有17个，以年轻老师为主，其中80%是讲师，就是工作15年以下的年轻讲师，但是你想让他再更上一个台阶，他们的主动性不是很强。另外，我们大概有3~5个兼职教师，这3~5个兼职教师的来源可以分三类：一种就是我们周边的学校，那些985学校比较有教学经验的退休老教授，他们是一类非常好的资源，然后为我们所用，来带动我们这个群体和学院的教学质量，这种类型大概占三分之一；另外的三分之一，就是学校周边高校中的一些副教授、讲师，他们年富力强，愿意出来讲这门课，这部分老师也是不错的；还有三分之一是兼职教师，主要是在读研究生。

吕： 那你们辅导员能兼职吗？

HN4： 很少，因为辅导员每个人带300~500名学生，他们本身的任务就比较重，而且他们主要是归学生处管，我们这里是教学部门。

吕： 你们学生有多少？

HN4： 37 000多个。

吕： 专职老师就17个，那你们这个比例已经严重失衡了。你们有80%的讲师，剩下的更高职称的是不是相对稳定一些？

HN4： 并没有。因为我们学校教师的流动性比较大，从去年到现在走了的7个老师中，4个是博士，3个是副教授，基本上最上面那一层全部流动了。

吕： 你们是民办学校，所以流动性相对会大一点。那在教学内容和方法这一块，有什么特点？

HN4： 我们学校还有点特别，就是五门课嘛，我们那里还有心理健康教育、大学生职业生涯规划，全部在我这里，所以你想任务有多重？你再想去搞科研是不可能的，至少到目前为止就没有时间和空间。

吕： 老师个人成长路径，其实不仅是你个人，其他人也有同样问题吧？

HN4： 对，不仅是我一个人，你想我是副院长、副教授，我还停留在这里，其他老师可想而知。

吕： 那教学方法这一块呢？

HN4： 教学方法嘛，我们基本上就是五步教学法。

吕： 五步教学法？

HN4： 对。五步教学法的第一步是导入，就是怎样从一些小的事件，导入到主题；第二步就是精讲，就像那个 C 老师这种课堂研究，我们来讲述、来呈现这部分的内容，就是那种思维导图的方式、模型的方式；第三步、第四步就是让学生去讨论、去学习体验一下，学完了以后，教师就开始做总结和反思；第五步就是应用，让学生举一反三，应用于具体生活实践。

吕： 课堂规模有多大？一个班有 120 人左右吧？

HN4： 120～150 人，因为我们是三个行政班构成一个教学班，一个教学班至少有 120 人，所以我们基本上用一种小组的方式去讨论事项，课堂上讲述，然后由小组进行讨论、提问，我们再总结、反思。基本上就是这样。我们先尽可能地把每个学生的注意力集中到课程当中，然后再在面上让更多的人参与进来，所以我觉得还是课程的设置问题。

吕： 那你们老师一周几节课？多少课时？

HN4： 每个老师平均每周 16 到 20 课时，所以任务也是挺重的。

吕： 这个比公办院校普遍要高。

HN4： 我们的基本任务是 12 课时。但是因为离职的老师较多，我们的专职老师，每周都要上 16 节或者十八九节课，最少不会低于 16 节，不然我们没法正常满足教学需要的。所以我们老师，大部分已经是三十八九、四十岁这个年龄，但是都有未老先衰的感觉。因为课程比较累，再加上小孩、老人的拖累，老师们的整体感觉是比较死气沉沉、没有活力的。但是相反的，我们这次选的一批研究生助教，很有活力，他们会去探索，然后会主动与学生接触，效果明显的要好一些。他们会去听我们老师的课，深层地接触一些东西。因为他们有活力，他们就会把心思用在学生身上。因为他们年龄差距不大，思想方面也是比较接近的，很多时候他们设计的课程切入点，学生都挺感兴趣的，他们的 PPT 做得也好。

吕： 那像互动的话，有哪些比较好的形式？

HN4： 互动的形式，基本上就是在讲知识点的时候，每个知识点我们都有个互动环节，会有案例穿插。比如说在讲法律部分知识点的时候，讲到重庆万州的那件事情，学生会从法律角度、道德角度、职业道德角度等切入，我最后再拉回到法律层面，该怎样去考虑问题。所以这种互动其实是一种能力的提升。

吕： 课上课下这种互动多吗？

HN4： 课下的互动也有。我们也建了网络课程。我们有一个封闭式平台，每个学生用账号登录，我们已经与超星合作了。学生学习上有困惑、有问题的话，可以在这个平台留言，然后我们会及时进行解答。但是目前为止，这个环节做得不够，有些课程还需要建设。

吕： 你们现在，还是以课堂的组织形式为主，那你觉得整个课堂组织里面最难的是哪个部分？

HN4： 我觉得他们课下任务的完成度和完成质量是一个比较难的地方。还有就是如何在第一堂课中，抓住他们的注意力，解开他们的心结，取得他们的信任和情感认同，我觉得这个也非常关键。

吕： 取得信任，这点很重要。

HN4： 还有就是对于一些比较特殊的学生、有个性的学生，我觉得要一视同仁。很多老师是怕管，我觉得要敢于管，而且要敢于一视同仁地管，就是一定要坚定地去管，这个很重要。这类学生就是你管他，他倒会觉得挺服气的。老师一定要把握住课堂的主导权，要有灵活应变的能力，对一些特别有个性的学生，可能也还要避其锋芒。

吕： 对，要灵活地引导他们。

HN4： 对，要有灵活的方式，老师掌控课堂的能力应该要强一点。

吕： 学生学习评价这一块呢？

HN4： 学生学习评价，我们基本上遵循教育部的规定。

吕： 那老师教学评价那一块呢？

HN4： 老师教学评价，一方面我们有校级督导，他们的打分占一定比例，然后我们二级学院也有考核和评估，还有就是学生的评价，另外我们还有一个同行评价。我们比较侧重引导老师多创新课程改革的方式方法。

吕： 有这个导向的话，老师的动力会更加强一点。

HN4： 其实我的感觉大概就是这些。

吕： 好的。谢谢，听了好多，很受用。

后　语

第一次做访谈录，还是有一些不成熟的地方，恳请读者见谅。

感谢所有被访者的慷慨，把各自的经验和思考无私地分享出来，让我们有机会从第一视角观察思政课教学与课程思政教改的实际情形，进而从中借鉴、审思及至优化自身的教学实践。在这个过程中，我们既是阅读者、思想者，也是评价者、践行者。

做好课程思政教学改革，需要一种新的建构。这种建构是对过去一段时期内"专门化"的修复，也是对教师教书育人职责的修补。课程是大学生构筑知识体系、确立价值观念、汲取精神养分的主要渠道。如果说思政课程是一种"专门化"的系统加固，那么课程思政就是一种"普及化"的面上覆盖。这种覆盖涉及各个学科、专业和课程，建构于不同知识体系之中，能够强化价值取向与专业知识关系，形成一种德智体美劳协同发展的育人格局。当然，这种建构于不同知识体系之中的价值取向，应该与知识体系逻辑充分融合、与教育对象需求充分匹配、与时代新人培养要求充分契合。

做好课程思政教学改革，需要一种新的动力。课程思政是一种新的教学理念，需要全体教师共同接纳，尤其是专业课教师。教师开展课程思政教学改革受到内外两种因素的影响，内部因素包括个人价值取向、认同感、职业使命感、职业能力和创新意识等，外部因素包括政策导向、薪酬激励、平台支撑、职称评聘、学生状态和社会舆论等。高校要提高专业课教师推进课程思政教学改革的积极性，就必须研究其动力机制，并制定和实施相关的政策、制度和激励机制，以增强专业课教师的教改动力。这种新的动力，表现在薪酬、地位和荣誉之中，隐匿于价值取向、职业使命和创新意识深处。

做好课程思政教学改革，需要一种新的阐释。"00后"进入大学，成为新的教育对象。与前辈们不同,"00后"有许多新的话语体系、新的沟通形式以及新的学习需要。教师必须关注"00后"的实际需要,并通过其喜闻乐见的话语体系、沟通形式,把"盐溶于汤中",形成一种润物无声的育人效果。这种改变是从"多"到"准",是从"独角戏"到"合唱团"。"准"的阐释要求教师根据学生思想行为特点和学习需要,精准教学供给,做到形式上、内容上的精准和匹配。"合唱团"的阐释要求教师变"以教学为中心"为"三人行必有我师"的教学相长,教师与学生、学生与学生之间都能够在课堂中找到存在感、实现价值感、增强获得感。

  从实践来看,推动课程思政教学改革,要有新的建构、新的动力和新的阐释,建构是修复和重新确立,动力是对教师关键作用的认可,阐释是要求教学内容方法的契合和优化。谨希望读者能够从此书中寻找到新的建构、动力和阐释之法,持续推进思政课教学和课程思政教改实践。

吕小亮

2021年12月31日